KB098539

몽골제국

THE MONGOLS: A Very Short Introduction, First Edition

첫 단 추 시 리 즈
040

몽골제국

모리스 로사비 지음
권용철 옮김

교유서가

차례

로마자화와 발음에 대한 일러두기

일반 독자들의 편의를 위해 나는 움라우트를 제외한 구별 부호는 삭제했는데, 이는 영어권 언어로 된 연구들에서 상당한 표준이 되고 있다. 모든 중국어 용어와 이름에 대해서 나는 로마자화의 병음(拼音) 체계를 사용했고, 몽골어 전사(轉寫)를 위해서는 프랜시스 클리브스(Francis W. Cleaves)에 의해 수정된 앙투안 모스타르트(Antoine Mostaert)의 방식을 채택했는데 아래 사항은 예외로 했다.

č는 ch로 표기

š는 sh로 표기

γ는 gh로 표기

q는 kh로 표기

j는 j로 표기

나는 아주 조금 등장하는 이란인의 이름(예컨대 라시드 앗 딘)의 전사를 위해 표준적 체계를 활용했지만, 구별 부호는 쓰지 않았다.

영어권 화자들을 위해 병음의 발음을 안내하면 아래와 같다.

q: chin에서 나는 거센 소리의 'ch'

zh: jar에서 나는 'j'

c: its에서 나는 'ts'

x: shore에서 나는 'sh'

z: moods에서 나는 'ds'

ai: eye와 같은 발음

ao: how에서 나는 'ow'

ia: 'yah'

ian: 'yen'

ie: 'yeah'

io: 'yo'

i: see에서 나는 'ee'

i: (c, ch, s, sh, zh, z의 뒤에서) her에서 나는 'er'

e: 'uh'

ei: stay에서 나는 'ai'

en: happen에서 나는 'en'

eng: sung에서 나는 'ung'

ong: 'oong'

ou: toe에서 나는 'o'

영어권 화자들을 위해 몽골어 발음을 안내하면 아래와 같다.

gh: 목구멍에서 나오는 센소리의 'g'

kh: Loch Ness에서처럼 목구멍에서 나오는 'ch'

저명한 몽골 칸들의 계보

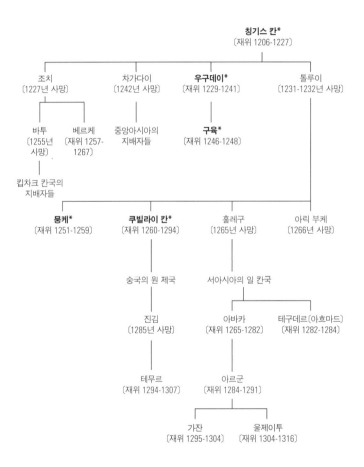

칭기스 칸*
〔재위 1206-1227〕

조치
〔1227년 사망〕

차가다이
〔1242년 사망〕

우구데이*
〔재위 1229-1241〕

톨루이
〔1231-1232년 사망〕

바투
〔1255년
사망〕

베르케
〔재위 1257-
1267〕

중앙아시아의
지배자들

구육*
〔재위 1246-1248〕

킵차크 칸국의
지배자들

뭉케*
〔재위 1251-1259〕

쿠빌라이 칸*
〔재위 1260-1294〕

훌레구
〔1265년 사망〕

아릭 부케
〔1266년 사망〕

숭국의 원 제국

서아시아의 일 칸국

진김
〔1285년 사망〕

아바카
〔재위 1265-1282〕

테구데르〔아흐마드〕
〔재위 1282-1284〕

테무르
〔재위 1294-1307〕

아르군
〔재위 1284-1291〕

가잔
〔재위 1295-1304〕

울제이투
〔재위 1304-1316〕

* 제국 전체의 지배자인 카간 혹은 대칸.

초원지대의 삶

13세기에 전성기를 구가했던 몽골에 대한 동시대의 두 관찰은 서로 다른 관점을 드러내고 있다. 이란의 역사가 주바이니(Juvaini)는 몽골족을 통합했던 칭기스 칸(Chinggis Khan, 서구에서는 일반적으로 젱기스 칸Genghis Khan이라고 더 잘 알려져 있다)이 중앙아시아에 있던 이슬람 교육의 중심지 부하라, 그리고 유라시아를 횡단하는 실크로드를 따라 위치한 거대한 상업 중심지이자 활발한 기착지였던 사마르칸트를 어떻게 공격했는지를 보여주고 있다. 몽골 군대는 마을을 포위하여 화살, 불화살, 불을 붙인 창, 나프타가 담긴 항아리(이는 아마도 불을 일으키는 폭탄이었을 것이다), 거대한 돌, 투석기에서 발사되는 탄환 등을 일제히 쏘아댔다. 불은 도시를 집어삼켰고, 수비대는 항복할 수밖에 없었다. 그러자 몽골 병사들은 대부분 나무로 지어진 부하라의 건물들을 불태워버렸다. 채찍보다 키가 컸던 3만 명의 사람들이 부하라에서 살해당했다. 사마르칸트의 몽골 군대는 중요한 모스크를 파괴했고, 많은 거주자들을 죽였으며 수많은 여성들을 강간했다. 그리고 살아남은 여성과 아이들을 사실상 노예로 만들었다. 하지만 칭기스 칸은 3만 명의 장인(匠人)들의 목숨은 살려두라고 명령했다.

이러한 잔인함과 마치 짐승과 같은 행위는 몽골족의 생활 방식으로 인해 더욱 강화되었다. 음식, 의복, 거주지, 연료, 약 등을 얻기 위해 동물에 의존하는 그들의 모습이 이러한 이미지가 형성되는 데에 기여했다. 외부인들은 몽골족과 그들이 기르는 말의 각별한 관계도 알고 있었다. 그들의 생존에 꼭 필요한 동물들과 일체화된 것, 그리고 옷을 빨지 않는 것(몽골족은 물 낭비를 싫어했고, 옷을 빨면 하늘이 그들의 거주지를 향해 폭풍을 일으킬 것이라는 전통적인 공포감을 가지고 있었다)은 미개함의 증거로 인식되었다.

반면에, 베네치아 출신 여행가 마르코 폴로는 칭기스 칸의 손자 쿠빌라이가 자신이 복속시킨 중국인들의 복지에 관심을 가지고 있었던 것에 대해 서술했는데, 그러한 관심은 중국의 정사(正史)에도 기록되어 있다. 쿠빌라이는 여름이 되면 농촌의 상황을 조사하기 위해 중국 전역에 사람을 파견했다. 농민들의 토지가 폭우, 바람, 메뚜기떼 등에 의한 병충해로 인해 황폐화된 것으로 파악되면, 쿠빌라이는 그의 창고에 있는 곡물을 농민들에게 나누어주었고 세금 부담도 경감시켜주었다. 이와 비슷하게 쿠빌라이는 겨울이 되면 폭설, 번개, 불충분한 여물로 인해 가축들이 고통을 겪거나 혹은 죽지 않았는지를 확인하기 위해 관료들을 급파했다. 마르코 폴로는 또 쿠빌라이가 미적 아름다움을 음미하고 대도(大都, 오늘날의 북경)와 상도(上都, 새뮤얼 타일러 콜리지의 시에 등장하는 '제너두 Xanadu') 같은 잘 계획된 도시들을 조성하는 일에 지원을 해주었고 토착 예술과 수공업을 후원했던 현인(賢人)이자 관대한 지배자였다고 묘사하고 있다. 물론, 마르코 폴로는 반란 지도자들에 대한 쿠빌라이의 잔인한 억압과 남중국, 일본, 동남아시아에 대한 파멸적인 원정에 대해서도 서술하고 있다. 하지만 그는 대체로 몽골 황제의 긍정적인 이미지를 전달하고 있다.

몽골에 의한 정복과 그들이 수립한 정부는 전통적으로 중국과 중동 사이의 교역을 촉진한 실크로드를 거쳐 유럽과 동아시아 간의 직접적인 접촉이 처음으로 이루어지게 하는 요인이 되었다. 그리고 몽골이 지배했던 문명들의 경제적·문화적 발전도 이루어졌다. 물론, 정복을 당한 사람들 스스로가 주로 경제적 제도, 기술적 혁신, 문학적·종교적·예술적 문헌과

성과들을 발전시켰고 이것이 몽골 통치 시기 그 문명의 특징이 되었다. 그러나 몽골의 지배와 그로 인한 안정이 이런 놀라운 발전을 가져온 초석이 되었다. 그리고 실크로드를 통한 여행과 교역이 촉진되어 멀리 떨어진 문명들 간의 교류가 이루어지는 데에도 기여했다. 이란의 훌륭한 역사서, 중국의 아름다운 직물과 도자기, 금으로 된 러시아의 세련된 그릇 등은 모두 이런 문화적 상호관계의 산물이었다. 이란의 타흐트 이 술라이만(Takht-i Sulaiman)과 내몽골 상도의 여름 궁전은 몽골의 후원과 웅장한 포부를 드러내고 있었다.

몽골에 대한 두 가지의 서로 모순된 이미지는 어떻게 조정될 수 있었을까? 몽골족은 자신들이 정복한 문명을 상대로 약탈을 일삼은 한낱 피에 굶주린 살해자, 강간범, 파괴자였을까? 아니면 몽골족을 신뢰하여 세계를 정복하라는 임무를 그들에게 부여한 하늘 신 텡게리(Tenggeri)가 보낸 복수자였을까? 그들은 필수품 교역을 거부했던 국가들을 상대로 앙갚음을 한 것일까? 초기의 침략 이후 몽골족은 그들이 지배했던 지역을 안정시키려고 했던 것일까? 몇 세기에 걸쳐 분열되어 고통을 겪던 중국을 통일하여 평화를 이루는 데에 몽골족이 기여했던 것일까? 아시아의 대부분이 몽골족에 의해 통합된 것이 문화적인 측면에서 긍정적인 효과를 가져왔을까?

몽골제국에 관한 기록들은 종종 이러한 질문들에 대답을

하지 못하게 한다. 몽골족에 의해 작성된 중요한 기록은 그저 절반은 신화이고 절반은 정확하지 않은 내용들이 담긴 『몽골비사』이고, 세계를 향해 폭발적으로 분출했던 몽골족에 대한 거의 모든 기록들은 그들이 정복한 사람들에 의해 작성되었기 때문이다. 『몽골비사』는 주로 칭기스 칸의 권력 확립 내용을 다루고 있고, 가장 중요한 대대적인 대외원정과 침략이 일어나기 전에 기록이 끝나버린다. 아르메니아, 시리아, 라틴, 러시아 등의 다른 언어로 된 사료들은 몽골족을 자신들이 정복했던 지역들의 발전을 가로막은 무시무시한 약탈자로 종종 묘사하고 있다.

대학살과 파괴가 몽골 역사의 일부이기는 하지만, 그것이 전부는 아니다. 몽골제국의 다양한 지역에서 이루어진 최근의 고고학적 발견, 몽골족에 의해 생산되거나 그 의뢰를 받아 만들어졌던 물품의 유물에 대한 연구, 외국 사료에 대한 신중한 재해석과 평가 등은 기존의 학설을 대체하는 담론들을 만들어냈다. 1930~1940년대에는 러시아 고고학자들이, 그리고 지난 10년 동안에는 독일 연구자들이 몽골의 고대 수도인 카라코룸 유적을 발굴했고, 1930년대에는 일본 고고학자들이, 그리고 지난 20년 동안에는 중국의 관련 전문가들이 쿠빌라이의 여름 궁전이었던 상도를 발굴했다. 그들은 우아한 불교 조각상, 옥으로 된 허리띠 장식, 금팔찌, 사원에 그려진 그림, 청화백자 등을 찾아냈는데, 이는 몽골 지배자들의 세련된 취향을 확인시켜주었다. 이란을 지배했던 몽골족의 여름 수도인 타흐트 이 술라이만과 러시아의 많은 몽골 유적들에서도 비슷한 발굴이 이루어졌다. 여기에서 아름다운 타일과 중국 도자기, 비단으로 된 직물, 금으로 된 벨트와 술잔 등이 발견되어, 몽골의 문화적 인식에 대한 상이하면서도 덜 부정적인 시각을 낳고 있다.

이와 비슷하게 개개 중국인들이 기록한 역사서는 물론이고, 중국과 한국(고려)의 정사에는 몽골의 지배에 대한 더욱 미묘한 평가가 기록되어 있다. 이란 타브리즈의 몽골 궁정에서 관료로 일했던 위대한 이란 역사가들인 주바이니와 라시드 앗 딘(Rashid al-Din)은 중동에 대한 몽골의 영향력을 최대한 객관적으로 평가하고 있다. 몽골리아와 중국에 가서 머물렀던 일을 기록으로 남긴 프란체스코회 선교사들과 마르코 폴로는 몽골의 지배자와 그들의 중국 통치에 깊은 인상을 받았고, 더욱 긍정적인 관점을 보여주고 있다.

푸른 하늘의 땅

몽골족의 전통적인 영토는 육지로 둘러싸여 있고, 바다로부터는 너무 멀리 떨어져 있어서 별다른 영향을 받지 않는다.

그로 인한 극단적인 대륙성 기후(낮은 온도, 강한 바람)는 이 지역에 사람들이 거주하기 어렵게 한다. 긴 겨울(11월에서 3월까지는 기온이 영하 수십 도로 내려가고, 10월과 4월에도 영하권을 맴돈다), 상당히 높은 해발고도, 짧은 여름(초목이 성장하는 계절이 짧다는 의미), 상대적으로 제한되어 의지할 수 없는 강수량 등은 특별히 국한된 지역을 제외하고는 농경이 불가능하게 한다. 이 지역의 대략 1퍼센트에서만 농경이 가능하고, 8~10퍼센트는 삼림 지대이며 나머지는 초지(草地) 혹은 사막이다. 이 지역의 절반은 영구 동토층이고, 겨울에는 호수와 강들이 얼어붙기 때문에 농경이나 일상생활에서 장애 요소가 된다. 몽골리아 남부 대부분을 뒤덮고 있는 고비 사막은 건조한 초원 지역으로 분류되지만, 이 지역의 열과 건조함은 몽골족이 의지하는 다섯 종류의 가축 중에서 낙타만이 안정적으로 살아갈 수 있게 한다. 오로지 극소수의 유목민들만이 이 척박한 지역에서 양과 염소를 기르고, 대다수는 고비 사막의 북쪽과 서쪽의 초원 지대에서 힘겹게 삶을 영위하고 있다. 이런 위태로운 생태계에서 유목민들은 다른 위험들에도 직면하고 있다. 겨울철의 강한 눈보라는 몇 년 단위로 주기적으로 발생하여 이 지역을 괴롭히고, 파괴적이면서 공포스러운 주드(zud, 몽골의 겨울에 폭설과 혹한이 이어지는 자연재해를 일컫는 말로, 매년 발생하지는 않지만 주기적으로 일어난다―옮긴이)나 땅이 눈과 얼음으로 덮여 있을 때의 혹독한 기후는 동물들이 목숨을 부지하는 데에 필요한 풀이나 식물 등을 찾지 못하게 만든다.

이러한 조건에서는 오직 가장 강건한 유목민들만이 삶을 이어가는데, 이 광대한 지역의 인구는 몽골리아의 가장 가까운 이웃인 중국과 비교하면 턱없이 적다. 몽골족의 침입 시기에 중국의 인구가 7천 500만에 달했던 반면에 그 시기 몽골리아의 전체 인구는 아마 100만에도 이르지 못했을 것이다. 현재의 몽골리아―내몽골, 부르야티아, 투바는 말할 나위도 없다―는 몽골족이 전통적으로 유목 생활을 해온 곳으로, 적어도 프랑스의 세 배 정도 크기에 달한다. 그래서 13세기 몽골족이 침입하기 직전에 다양한 집단 및 연맹들 사이의 거리는 상당히 멀었고, 연합을 이루려면 극심한 장애에 직면하게 되었다. 이런 어려움에도 불구하고, 몽골리아 북부의 모든 지역이 연중 250일 정도는 구름 없이 맑은 날이 지속되어 푸른 하늘의 땅이라는 별명을 가지게 되었다.

이 광범한 지역에서 생존을 위한 열쇠는 바로 이동이었다. 대부분의 집단들은 주로 여름 거주지에서 겨울 주둔지로 이동했지만, 때때로 주드를 피하기 위해 엄청난 거리를 이동하기도 했다. 주드가 닥쳐오면, 그들은 동물들이 충분한 물과 풀을 찾을 수 있도록 먼 거리를 재빨리 이동시켜야 했다. 실제로 유목민의 삶은 동물들이 풀과 물을 찾을 수 있게 하는 데에 중심이 두어졌다. 즉, 세계에서 가장 혹독한 환경을 가진 이 지역에 필요한 생활 방식이었던 것이다. 육체적인 힘뿐 아니라 기술과 지식도 중요했다. 유목민은 갖가지 동물들이 저마다 필요로 하는 다양한 식물들을 알고 있어야 했고, 동물들의 특정한 몸짓에 담긴 의미를 감지하고 있어야 했다. 또한 날씨와 그 영향을 예측해야 했고, 풀이 무성한 지역들을 알아둬야 했으며, 자기 지역의 자원이 이후에도 지속될 수 있는지를 판단해야 했다. 그리고 생필품을 얻으려면 동물이나 축산품으로 최선의 물물교환을 할 수 있는 시장도 당연히 알아둬야 했다.

유목민과 그들의 동물

가장 중요한 것은 유목민이 그들의 동물에 대해서 잘 알고 애정을 가질 필요가 있었다는 점이다. 『몽골비사』의 첫 부분은 몽골족과 동물들을 동일시하고 있다. 『몽골비사』는 푸른 늑대와 사슴의 결합으로 칭기스 칸의 조상이 태어났다고 설명하면서 칭기스 칸의 아버지이자 보르지긴(Borjigin) 씨족(혹은 황금 씨족)의 구성원이었던 이수게이(Yisügei)에 이르기까지 긴 계보를 나열하고 있다.

유목민인 몽골족은 다섯 종류의 중요한 동물들에 의존했다. 가장 수가 많고 가치가 있는 양은 그들에게 음식, 의복, 거주지를 제공했다. 양고기는 종종 삶아서 식사 때 칼로 잘라서 먹었는데, 이는 몽골족의 식사에서 필수적인 요리였다. 유목민들은 의복을 마련하기 위해 양의 털과 가죽을 이용했고, 양의 배설물을 연료로 사용했다. 그리고 양털을 압축하여 펠트로 만들어서 옷, 융단, 담요, 게르(텐트처럼 생긴 몽골족의 주거)를 짓는 데에 활용했다. 비록 수적으로 양보다 많지는 않지만, 염소도 중요한 가축이었다. 몽골족은 염소의 고기, 젖, 치즈를 먹었고 유목민 중에서 형편이 좋지 않은 사람들은 염소 가죽으로 옷을 해 입었다. 염소는 양만큼 튼실하지 않았고 더 신경 써서 길러야 했기 때문에 좀더 척박한 지역에서는 살아남기 힘들었다. 그리고 염소는 풀의 뿌리까지 먹어치워서 사막화를 일으키는 주범이었기 때문에 그 가치가 줄어드는 측면도 있었다. 야크와 소는 풀이 무성한 지역이 아닌, 사막이나 외진 지역에서는 살아남기 어려웠다. 야크 혹은 소는 초원 지대나 산지에서만 잘 자랐고, 양이나 염소보다는 자활(自活) 능력이 떨어졌다. 몽골족은 야크 고기를 먹고 젖을 마셨을 뿐만 아니라, 계절에 따라 새로운 초지로 이동할 때에는 야크와 소를 짐꾼으로 활용하기도 했다.

　나머지 두 동물인 낙타와 말의 경제적 가치는 그다지 뚜렷하지 않지만, 몽골 사회에 끼친 영향은 컸다. 박트리아 낙타(혹은 쌍봉낙타)는 짐을 나를 때에도 다른 동물들보다 더 무거운 짐을 나를 수 있었기 때문에, 몽골족은 사막 등의 황량한 지역을 지나서 짐을 나를 때에는 낙타를 활용했다. 낙타는 물과 풀이 상시적으로 구비되지 않은 지역들에 제격인 동물이었던 것이다. 낙타는 물이 나는 곳이나 호수에서 엄청난 양의 물을 마시면 며칠을 물 없이도 살 수 있었다. 또한 다른 동물보다 초지를 필요로 하지 않았고, 작은 관목이나 풀잎도 먹을 수 있었다. 몽골족은 낙타를 활용하여 교역 물품을 나르거나 새로운 초지로 이주할 때 짐들을 실어 옮길 수 있었고, 군대에 필요한 군량과 공성 무기를 이동시킬 수도 있었다.

말은 경제적 가치를 지녔지만, 군사 면에서도 중요한 역할을 담당했다. 몽골족은 말고기를 먹었고, 아이락(airagh, '쿠미스koumiss, comos'라고도 하는 것으로, 발효시킨 암말의 젖을 가리킨다)을 마셨다. 그리고 말을 의식(儀式)의 제물로 쓰기도 했다. 유목민들은 낮에는 동물들을 초지에 풀어놓고 저녁에는 모아들이는 용도로 말을 활용하기도 했다. 그러나 더욱 중요한 것은 전쟁에 동원되는 말들과 기병들이 정주 문명과의 충돌 과정에서 전략적 이점으로 작용했다는 점이다. 전쟁이 수행되는 동안 말안장에 매다는 주머니에는 조리용 냄비, 말린 고기, 요구르트, 물병 등 장기간 원정에 필요한 물품들이 들어갔다. 나무와 가죽으로 된 안장에는 양의 기름을 문질러서 균열이나 수축을 막았고, 말이 자신의 등에 태운 사람과 장비의

무게를 오랜 기간 견딜 수 있게 했다. 또한 말에 탄 사람은 안장 덕분에 안정적인 자세를 유지할 수 있었다. 튼튼한 등자는 몽골의 기병들을 더욱 안정적으로 만들어주었고, 이로 인해 몽골 기병들은 말의 등에서도 화살을 정확하게 쏠 수 있었다. 전투가 벌어지기 전에는 가죽으로 된 덮개로 말들의 머리를 감쌌고, 말들의 몸은 종종 갑옷으로 무장되었다.

말들의 가치를 충분히 인식하고 있던 몽골족은 말들을 무척 아꼈다. 개개의 몽골 기병들은 대체로 4~5마리의 말을 보유하고 번갈아가며 탔기 때문에 말들이 긴 휴식을 취할 수 있었다. 다른 말들은 장비를 날랐는데, 그중 한두 마리에는 짐을 싣지 않았다. 전투를 위해서 그 힘을 아껴두었던 것이다. 말들은 덩치는 작아도 힘이 세고 강인했다. 몽골족은 거세마와 암말을 선호했다. 수컷보다 훨씬 다루기 쉬운데다 젖을 생산한다는 이점도 가지고 있었기 때문이다. 아주 드문 경우이기는 하지만, 말들은 유목민이 장기간 이동하던 중 음식이 소진되었을 때 먹을 것을 제공하기도 했다. 말의 혈관을 끊어서 그 피를 마시고 원기를 보충할 수 있었던 것이다. 말에 대한 몽골족의 경의는 매장 관습에 드러나 있었다. 유력한 몽골 귀족이 사망하면, 그의 말은 희생되어 함께 매장되었다. 사후에도 그가 가장 신뢰했던 말을 필요로 할 것이라고 여겼기 때문이다.

몽골족은 오랫동안 유목 생활에 종사해왔지만, 그들이 원래부터 유목민이었던 것은 아니다. 중국 사료들은 몽골족의 조상들이 시베리아와 만주의 삼림에 거주하며 수렵과 어로로 생계를 유지했다고 전한다. 10세기 말 혹은 11세기 초에 그들은 몽골리아(이는 현재의 몽골 초원 일대를 가리키는 용어로 사용된 것이다—옮긴이)로 이주하여 유목 사회를 발전시켰는데, 보조적인 생계 수단으로서 수렵을 계속 활용했다. 수렵을 통해 추가적인 식량을 확보하는 한편, 군사적 기술을 강화하기도 했다. 극소수의 유목민들은 농경이 가능한 곳에서 경작을 하여 빈약한 식량 자원을 보완하기도 했다. 개개의 몽골 유목민들이 비록 숙련되었다고 할지라도, 유목 경제는 불안정한 수준이었다. 동물들 사이의 질병 확산, 길게 지속되는 혹독한 겨울, 여름의 가뭄 등은 재앙을 야기할 수 있었다. 대부분의 가구들은 잦은 이동으로 잉여 자원을 축적할 수 없었기 때문에 식량이나 여타 필수품을 좀처럼 저장해두지 못했다. 지속적인 이동은 장인(匠人) 계급의 발전도 가로막았다. 작업에 필요한 부피 큰 수많은 도구와 기계들을 이동시키기가 어려웠던 것이다. 그래서 몽골족 중에는 도공(陶工), 직공(織工), 제철공이 거의 없었다. 그러나 그들도 그릇이나 의복, 철로 된 도구들을 필요로 했다.

유목 경제의 취약함과 유목민이 생산하지 못하는 물품들에 대한 수요 때문에 몽골족은 중국, 중앙아시아 등 이웃 나라들과의 교역에 시선을 돌렸다. 몽골족은 수공업 제품들을 받고, 그 대가로 동물들과 축산품을 내주었다. 큰 재난이 닥쳤을 때 에는 이따금 곡물이나 채소를 받기도 했다. 그들은 정주 문명 쪽에서 오는 생산물들을 절박하게 필요로 했다. 만약에 이웃 나라들이 교역을 거부한다면, 필요한 물품들을 구하기 위해서 약탈을 시도할 수밖에 없었다. 처음에는 필수품만을 교역 했지만, 유목 지도자들이 정주 문명에 대해 더욱 많이 알게 되면서 비단과 같은 사치품들을 갈망하기 시작했다.

사치스럽고 세련된 외국 상품에 대한 욕망이 생기기 전만 해도 몽골족들은 검소하게 살았다. 대부분이 고기였던 그들의 음식은 단순했고, 일상용품들과 의복은 대체로 편안함과 수수함을 특징으로 하고 있었다. 그들은 버크럼(buckram)으로 만들어진 튜닉과 모피로 된 거친 옷을 입었고, 발끝이 위로 향한 가죽 부츠를 신었다. 게르라고 알려진 그들의 집은 유목 생활 방식에 걸맞은 것이었다. 쉽게 해체하여 수레에 싣고 다른 지역으로 이동해서 다시 지을 수 있는 구조였기 때문이다. 게르는 대략 3미터 정도 높이의 둥그런 벽면으로 에워싼 형태인데, 지붕 중앙의 가장 높은 부분은 뚫려 있었다. 벽면은 십자 형태로 묶인 나무토막들로 되어 있고, 여기에 문틀을 갖다 붙였다. 뚫린 지붕으로는 게르의 중앙에 놓인 화덕에서 나오는 연기가 빠져나갈 수 있게 했다. 둥그렇게 세운 나무 기둥들이 지붕을 지탱했고, 펠트로 전체 게르를 덮고 뼈대에 단단히 고정시켰다. 겨울에는 뼈대에 모피를 덧붙일 수 있었고, 여름에는 모피를 떼어내고 벽면 아랫부분의 펠트를 걷어올릴 수도 있었다. 모피로 감싼 나무 침대, 상자, 테이블이 단순한 가구를 구성했다. 전통적으로 여성들이 살림살이를 게르의 오른쪽 내부에 두면, 남성들은 그 왼쪽을 차지했다.

집단과 연맹

몽골족이 고안한 조직 역시 단순함을 특징으로 하고 있었다. 그들은 소규모 집단으로 움직였기 때문에 원시적인 행정 체계 이상의 것을 필요로 하지 않았고, 문어(文語)도 그다지 쓸모가 있지 않았다. 조직은 주로 사람들과 영역을 통제하는 같은 성을 가진 세습 지도자들이 중심이 되어 형성되었다. 베키(Beki, '샤먼'이라고 함)들이 종교적·관습적 의식을 수행했지만, 일반적으로 세속 지배자들의 손에 통치권이 있었다. 세속 지배자들에게 요구되는 주된 역할 중 하나는 그의 통제하에 있는 각각의 가구들을 위해 물과 풀을 확보할 수 있는 지역을 배정하는 것이었다. 그의 또다른 의무에는 질서와 안정성 유지, 전투 지휘, 사냥 참여자 통솔 등이 포함되어 있었다.

몇몇 씨족들은 다른 집단들이 고생을 하는 동안에 번창했을 뿐 아니라 세력이 약한 집단들을 흡수했다. 혈족 이상의 집단들을 포괄하는 이런 거대 집단들은 사회적 계층의 정점에 씨족의 '귀족' 지도자들이 위치하는 복잡한 사회적 조직들을 필요로 했다. 이러한 '귀족'들이 지도자에게 보이는 충성은 개인적 관계에 기반을 두고 있었다. 지도자에 대한 충성이라는 추상적인 개념은 존재하지 않았던 것이다. 지도자는 자신의 업적, 약탈물 확보, 씨족 지도자들과의 긴밀한 관계 유지를 통해 지지를 확보했다. 그의 집단이 규모와 세력 면에서 성장하게 되었을 때, 그 자신의 수입은 유목민들로부터 정규적으로 받는 조세 물품들과 긴급시 주로 가축들의 약 1퍼센트를 받는 특별 세금으로 이루어졌다. 그는 또한 사냥을 조직했는데, 거기에는 식량을 얻으려는 목적도 일부 있었지만 유목민들의 전투 기술을 다듬고 그들의 신체적 조건을 향상시키려는 목적도 있었다.

이러한 조직들의 크기가 커지면서 전쟁의 규모도 확대되었고, 이는 사회 조직의 변화를 야기했다. 누쿠드(nököd, 씨족 사회에서 벗어나 어느 지도자에게 충성을 바치며 활약했던 사람들을 '누쿠르'라고 불렀다. 특히 칭기스 칸은 특유의 카리스마와 지도력을 통해 다른 씨족에 속한 누쿠르들을 포섭하면서 세력을 확장할 수 있었다. 이 누쿠르는 '동료'라는 의미였지만, 점차 칭기스 칸의 '부하'의 지위로 변하게 되었다. '누쿠드'는 누쿠르의 복수형이다─옮긴이)

라고 알려진 새로운 집단은 그들의 원래 조직으로부터 떨어져 나와서 저마다 주요 지도자들 수하로 들어갔다. 그들은 지도자를 위해 무장된 병사들을 즉각 대령할 수 있도록 하는 임무를 수행했다. 지도자의 권위가 강화될수록 정치 조직으로서의 씨족들이 가진 힘은 줄어들었고, 새로운 집단과의 연맹이 더욱 우선시되었다.

초기 몽골족의 종교적 관습 또한 단순했지만, 12세기 말에 이르러서는 여기에도 변화가 일어났다. 몽골족은 유목민으로서 자주 이동을 했기 때문에 특별히 예배를 위한 건물을 짓지 않았고 웅장한 조상(彫像)을 만들지도 않았다. 대개는 언덕 혹은 산들을 숭배하거나 희생물을 바쳤는데, 그 장소에는 돌을 쌓아올린 오보(oboo)라고 불리는 것들이 가지런히 자리잡고 있었다. 유목민들은 산, 별, 나무, 불, 강과 같은 자연적인 형상을 향해 기도했다. 그러한 형상들은 몽골족의 후원자이자 보호자인 최고신 텡게리(Tenggeri, 하늘 신)가 눈에 보이는 형태로 나타난 존재라고 여겨졌던 것이다. 12세기에는 샤먼들이 의식을 수행하면서 죽은 조상들 및 텡게리와 살아 있는 사람들 사이의 중개자 역할을 했다. 북을 두드리고 노래를 부르고 춤을 추는 동안에 샤먼들은 상징적으로 하늘로 올라갔던 것이고, 거기에서 하늘 신 및 조상들과 소통했던 것이다. 샤먼들은 약을 제조했고 온갖 질병을 치료하기 위해 고안된 주문들을 암송했다. 또 그들은 천문학과 미래 예언에 능숙한 것으로도 명성이 자자했다.

칭기스 칸이 주도권을 장악하기 전, 몽골족은 뛰어난 전쟁 기술과 군사력을 지니고 있었다. 여성들이 적은 노력으로도 가축 돌보는 일을 남성들 대신에 맡을 수 있었기 때문에 대다수의 남성들이 전쟁에 투입될 수 있었던 것이다. 그래서 몽골의 군사적 성공에서는 여성들이 수행했던 중요한 간접적 역할을 빼놓을 수 없다. 또한 모든 남성들에게 제공되고 요구되었던 지속적인 훈련도 몽골의 강력한 군대를 만드는 데에 크게 기여했다. 소년들은 운동 경기 등에 자주 나섰는데, 여기에는 인내력과 신체적 기술이 요구되었다. 소년들은 아주 어렸을 때부터 말타기와 활쏘기를 익혔다. 적어도 부분적으로는 군사적 훈련으로 고안된 사냥에서 소년들은 어른들과 함께 다녔고, 여기에서 그들은 엄격한 통제와 지도자들에 대한 절대적 복종이 요구됨을 배우게 되었다. 네르게(nerge, 몽골 특유의 포위 사냥, 포위 공격을 일컫는 말로, 정확한 몽골어 표기는 '제르게jerge'라고 해야 옳다―옮긴이)라고 알려진 이 특유의 사냥법은 넓은 영역 안에 있는 동물들을 포위해서 점차 포위망을 좁힌 다음에 화살을 쏘아 잡는 것이었다. 물러서거나 도망치는 사람은 누구라도 처벌되었고, 종종 처형되기도 했다. 이는 전투 현장에서 요구되는 규율을 주입하기 위한 최적의 훈련이었다. 그런 상황에서 물러서는 것은 병사와 때로는 그 동료들에 대한 처형으로 즉각 연결되었던 것이다.

몽골족은 성인이 되고 전투에 나설 준비가 되었을 때에는 훌륭한 장비도 갖추게 되었다. 그들은 타고 다닐 말이나 활, 칼, 투구, 쇠로 된 덮개, 도끼, 갑옷, 밧줄도 보유했다. 그들이 사용하는 합성궁(合成弓)의 사정거리는 대략 75미터에 달했는데, 이는 사정거리 40~50미터 정도의 활을 보유한 모든 경쟁자들에 맞서 우위를 점할 수 있게 해주는 이점이었다. 반면에 몽골족은 백병전에는 익숙하지 않았다. 왜냐하면 그들은 다른 동아시아 군대처럼 숙련된 검술가들이 아니었기 때문이다.

몽골의 전략과 전술

칭기스 칸이 강력한 지도자로 떠오르기 얼마 전에 몽골의 전략과 전술 또한 더욱 정교해졌다. 그들이 구사했던 책략 중 하나는 몽골의 힘을 오판하게 하도록 고안되었다. 몽골족은 펠트로 된 인형을 말 위에 올려놓았는데, 이는 그들의 실제 병력 숫자보다 더 많은 수가 있는 것처럼 믿게 하려는 속임수였다. 또다른 성공적 책략은 거짓으로 후퇴하는 것이었다. 한 분견대(分遣隊)가 전장에서 거짓으로 철수하면, 적군이 그들을 추격해오다가 결국 함정에 빠지게 되었다. 그러면 다른 분견대가 매복해 있다가 갑자기 튀어나와서 적군을 포위하고 궤멸시키는 것이었다.

일부 몽골 군사령관들은 심리적 공포를 추가적으로 활용했다. 그들의 군대는 적들의 성채나 마을을 황폐화시키고 수백 혹은 수천 명의 주민들을 학살했는데, 이는 다른 적들이나 도시들 쪽에서 몽골 군대를 두려워하며 싸우지 않고 항복하게 만들기 위한 것이었다. 그들은 전투를 개시할 때에 이미 사로잡은 포로들을 선두에 세우기도 했는데, 또하나의 아주 효과적인 이 전략은 적들을 항복시키는 데에 민간인을 동원하는 것을 의미했다. 또 한 가지 중요하다고 여겨지는 것은 그들의 훌륭한 정보 체계였다. 그들은 적들에 대한 정보를 얻기 위해 첩보원, 상인, 나아가 해당 지역에서 도망쳐온 사람들을 마을과 오아시스, 저잣거리, 여관, 상인 숙소 등에 파견했다. 그리고 그렇게 해서 확보한 정보가 빈약한 경우에는 원정에 나서지 않았다. 마침내 그들은 군사적 기밀 정보를 신속하게 전달하기 위해 약 32킬로미터 간격으로 얌(yam, 몽골제국의 역참驛站을 일컫는 단어인데, 정확한 몽골어 표기는 '잠jam'이다. 이것이 서방에 전해져 '얌'으로 변형된 것이다—옮긴이)을 설치했다. 말을 타고 오는 사람들을 위해서 말, 음식, 숙소 등을 갖춘 얌을 유지했는데, 그로 인해 현지 주민들에게는 가혹할 정도의 부담이 안겨졌다. 그럼에도 불구하고 역참 이용자들은 중요한 정보를 전달하기 위해 한 역참에서 다른 역참을 향해 신속하게 이동할 준비를 할 수 있었다. 몽골족은 원정에 나서기 전에 늘 신중하게 대비를 했다. 병참선, 보급, 심지어 부상자들을 위한 기본적인 치료까지 세심하게 조직되었다.

그 시대에 몽골 기병은 그야말로 천하무적의 존재였을 것이다. 남녀 모두 아주 어렸을 때부터 말을 탔다. 그들은 최고 속도로 말을 달리면서 동시에 활을 쏘아 명중시키는 법을 배웠다. 말과 기병의 인내력은 믿기 어려울 정도로 대단했다. 기병과 그들이 가장 아끼는 말들은 여러 날에 걸쳐 빠른 속도로 계속 달릴 수 있었고, 그래서 추격하는 군대로부터 벗어나거나 추가로 영토를 정복할 수 있었다. 그들은 충분히 훈련되었다. 몽골군 사령관들은 절대적인 복종을 요구했기 때문에, 전투가 치러지는 동안에는 북과 그 밖의 장비를 통해 전달되는 명령을 따라야 했다. 엄청나게 빠른 말과 병력이라는 이미지는 결국 많은 나라들을 공포에 빠지게 할 것이었다.

몽골족이 세계사에서 가장 위대한 정복이라는 평판을 듣는 원정에 나서게 된 실제 요인은 무엇일까? 우선 한 가지 해석은 그들의 경제가 불안정했다는 점이다. 가뭄이나 추운 겨울, 동물들 사이에서 발생하는 질병은 그들의 생존을 위협했다. 이런 상황에서 그들은 생필품을 얻기 위해 교역을 하거나 약탈을 해야 했다. 게다가 정주 문명에서 나오는 화려한 물건들을 더 많이 보게 되면서 사치품을 갈망하기 시작했다. 또한 교역을 거부당하면 생활 기반이 무너질 수도 있었기 때문에, 그들이 필요로 하거나 선망하는 물건들을 획득하기 위해 공격에 나설 수도 있었다. 12세기 말에 이르러서는 몽골족이 아주 급속도로 성장함에 따라 이러한 공격들은 그들이 약탈을 하고자 노렸던 거주지를 황폐화시킬 수 있었다.

몽골리아에서는 다양한 집단들이 점차 발전했고 또 통합되어나갔다. 9세기까지 몽골리아에 거주했던 투르크 민족인 위구르(Uyghur)족은 오늘날의 중국 북서부 오아시스들로 이주해서 번창하는 문화를 창조했다. 그들은 자기 지역에서 문자를 발전시키고 수도를 세운 최초의 유목민이었다. 일부는 이란으로부터 전해진 신비한 마니교로 개종했고, 다른 일부는 불교로 개종했다. 나이만(Naiman)족은 서부 몽골리아의 알타이산맥과 항가이산맥 사이의 지역에 거주했는데, 그래서 위구르족과 가까운 관계를 유지했고 위구르의 알파벳을 채택했으며 위구르족을 통해 이단으로 여겨진 네스토리우스 기독교 신앙으로 개종했다. 이 신앙은 그리스도가 두 가지 별개의 정체성을 가지고 있다고 주장했다. 하나는 신의 아들(Son of God)이고 또하나는 마리아의 인간 아들이라는 것인데, 이는 성모 마리아의 중심적 역할에 대한 도전이었다. 그리고 신은 창시자이고 성자(聖子)와 성령(聖靈)보다 우위에 있다는 이유로 성부(聖父), 성자, 성령이 동등하다는 삼위일체론을 부정했다. 중-북부 몽골리아의 셀렝게강과 오르콘강 유역에 거주했던 케레이드(Kereyid)족도 더욱 조직화되었고, 많은 여성들이 네스토리우스 기독교로 개종했다.

12세기 말에는 이러한 부족들과 여타 많은 집단들이 분열되어 있었다. 환경과 경제의 측면에서 비슷했음에도 불구하고 그들은 통일되지 않았고 서로 싸웠다. 그들은 종교적 신앙과 문명화의 측면에서만 달랐던 것이 아니라 외부 문화에 대한 지식 면에서도 차이가 났다. 그럼에도 불구하고, 그들은 다수의 똑같은 문제들에 직면했고 그들 사이에는 충분한 유사성이 있었기 때문에 하나의 집단 혹은 지도자의 휘하로 통일되면 이런 어려움들에 대처하기가 좀더 쉬워질 수 있었다. 몽골리아에서 혼란을 극복하고 상황을 안정시키기 위해서는 새로운 세력이나 지도자가 나타날 필요성이 있었다.

제 2 장

칭기스 칸이
나타나다

앞에서 언급한 『몽골비사』에 따르면, 12세기 몽골리아의 마지막 수십 년은 대체로 무질서 상태였다. 다양한 집단들 사이의 갈등은 피를 불렀고 그 지역에 피해를 입혔다. 우위를 점하려는 지도자가 연달아 등장했지만, 동맹으로 나아가지는 못했다. 이러한 분열은 나라의 여러 지역들을 파멸시켰다. 단일한 비전이나 지배자가 나타나지 않은 탓에 상당한 혼란이 야기되었다. 통합을 이루기 위해서는 단련되고 카리스마 있고 통찰력을 갖춘 지도자가 필요했다.

테무진과 몽골의 통일

훗날 이수게이의 아들 테무진(Temüjin)이 그 지도자가 되었다. 이수게이에 대해『몽골비사』에 나오는 첫번째 일화는 긍정적인 내용이 아니다. 그와 동료 몇 명이 후엘룬(Hö'elün)을 납치했는데, 이 여성은 메르키드(Merkid) 부족 남자와 약혼을 한 사이였다. 그들은 그녀의 약혼자를 협박했고, 이수게이는 후엘룬을 자신의 아내로 삼았다. 그후 그들은 자식 다섯(4남 1녀)을 낳았는데 테무진이 그중 첫째였다. 테무진이 8~9살이었을 때 아버지가 그를 부르테(Börte)라는 소녀의 천막으로 데려갔는데, 이 어린 소녀가 테무진과 약혼을 하게 되었다. 이수게이는 귀로에 우연히 타타르(Tatar) 부족의 진영에 머물렀는데, 이수게이가 그들이 누구인지 몰라본 것과는 반대로 이수게이를 알아본 그들의 지도자 중 한 명이 이수게이를 죽였다. 음식을 나누어 먹자고 이수게이를 초대해놓고는 음식에 독을 넣었던 것이다. 결국 이수게이는 자기 진영으로 돌아가던 중에 사망했다.

아버지가 사망한 후, 테무진의 앞날은 아주 밝아 보이지 않았다. 아버지의 죽음은 그의 가정을 이전으로 돌려놓았던 것이다. 아버지의 부하들은 뿔뿔이 흩어졌고, 테무진 일가는 오직 스스로의 힘으로만 생존해야 하는 처지에 놓였다. 겨우 9살이었던 테무진이 스스로를 돌볼 수는 없었지만,『몽골비사』

에 따르면 그의 어머니는 초기 몽골의 역사에서 영향력 있는 훌륭한 여성들 가운데 맨 먼저 꼽히는 인물이었다. 기록들은 후엘룬이 가족들을 구하고 생존에 필요한 기술들을 일러준 영웅적인 인물이었다고 묘사하고 있다. 그 기술에는 몽골리아의 무자비한 초원 지대와 인근 오논(Onon)강 일대를 주름 잡은 더욱 강력한 집단들 및 지도자들과 연맹을 이루는 것도 포함되었다. 또한 감금된 상황에서 소름끼칠 정도로 용감하게 탈출한 것을 포함하여 테무진의 담대한 행적들을 담고 있기도 하다. 그러나 가정 내의 주도권을 둘러싸고 명백하게 도전장을 내민 이복형을 살해한 것과 같은 테무진의 불미스러운 행동도 역사는 숨기지 않고 있다. 식량 조달을 놓고 두 형제 사이에 벌어진 언쟁이 잔인한 행위로까지 번진 것으로 보인다. 이복형이 말들을 돌보고 있을 때 테무진이 그의 뒤로 몰래 가서 활을 쏘아 죽였던 것이다. 테무진의 소행이라고 짐작한 그의 어머니는 테무진을 살인자라고 불렀고, 그의 비겁한 행동을 자칼에 비유했다. 『몽골비사』는 이렇게 테무진의 결점도 드러내고 있는데, 그래서 자료로서의 신빙성을 확신할 수 있을 것 같다.

더욱 부유하고 강력한 지도자들과 안다(anda, 의형제) 관계를 맺는 테무진의 능력은 그의 성공에서 결정적인 역할을 했다. 예를 들면, 메르키드 부족이 아내 부르테를 납치했을 때 테무진은 아버지의 안다인 케레이드 부족의 옹 칸(Ong Khan)에게 가서 그녀를 구해올 수 있도록 도와달라고 청했다. 1180년대 초에 그들의 연합 부대는 테무진의 아내를 구출했는데, 얼마 후 아내는 조치(Jochi)를 낳았다. 조치는 '손님'이라는 의미인데, 이는 메르키드 부족이 그녀를 임신시켰음을 암시한다. 그럼에도 불구하고, 테무진은 조치를 자신의 어엿한 아들로 받아들였다. 테무진의 안다인 자무카(Jamukha)도 이 출정에 가담했는데, 이때 거둔 승리 덕분에 다른 부족들이 테무진 진영에 합류하게 되었다. 안다들과 후원자들의 도움에 의한 상황 호전은 테무진을 고무시켰고, 1180년대 중반에 그는 칸의 칭호를 취하게 되었다. 그는 다른 경쟁자들과 맞서기 위해 옹 칸과 계속 협력했는데, 특히 1196년에 과거 그의 아버지를 살해했던 타타르족을 격파할 때에도 그랬다.

그러나 1202년 즈음에 테무진과 옹 칸은 서로 적대 관계가 되었다. 두 사람은 저마다 몽골 세계의 패권을 차지하려는 포부 속에서 서로를 강적으로 인식하고 있었고, 옹 칸의 아들 또한 아버지의 '동맹자'를 믿지 않았을 뿐 아니라 테무진이 제안한 혼인 동맹에도 반대했다. 실제로 친구들이나 안다들과의 갈등은 테무진의 생애에서 반복적으로 빚어졌다. 기록들은 종종 이런 불화를 놓고 테무진의 이전 안다들을 비난하지만, 그 시나리오를 항상 신뢰할 수 있는 것은 아니다. 더욱 그럴듯한 설명은, 그렇듯 유동적인 연맹 관계가 그의 지위와 권력에 대한 스스로의 인식을 반영하고 있다는 것이다. 그는 아쉬울 때에는 다른 사람들과 손을 잡았지만, 그의 힘이 막강해졌을 때에는 그들을 배제했다. 심지어 그는 위태로운 순간에 그를 구하러 온 가장 가까운 동맹자였던 자무카와도 관계를 끊었다.

테무진과 옹 칸의 분쟁은 몽골족 안에서 테무진의 지배욕이 미리 정해진 것이거나 바꿀 수 없는 것이 아니었음을 보여준다. 1203년의 첫 전투에서 테무진은 패하여 호수로 후퇴했고, 남아 있던 부하들은 이 호수에서 그에게 충성 맹세를 했다. 그의 성공은 여기에서 끝난 것처럼 보였다. 기록들에 따르면, 이렇게 절망적인 상황에서도 그는 한정된 식량을 부하들과 동등하게 나누는 것을 끝까지 고집했다. 아마도 사실이 아닐 것 같은 이 사건 이후로 그는 충성스러운 군대와 옹 칸에 대적하는 세력을 모으게 되었고, 이전의 후원자에 대한 기습 공격으로 은인의 군대를 압도했다. 그후 테무진은 일부 케레이드 부족 사람들을 자신의 군대로 편입시켰다. 만약에 옹 칸이 테무진을 격파한 후에도 끝까지 추격했고 또 경쟁자가 가장 약해져 있을 때에 원정을 수행했다면 그 결과는 달라져서 테무진은 유라시아의 무대에 중요한 인물로 떠오르지도 못했을 것이다. 이 승리는 테무진이 계속 도전하도록 자극했고, 이후 몽골리아에서 마지막 적수였던 나이만 부족을 격파했다.

이 전투들이 치러지는 동안에 테무진은 자신의 가장 친밀한 안다였고 나이만 부족 편에서 싸웠던 자무카를 사로잡아 처형했다. 테무진은 자무카가 피를 흘리지 않고 최후를 맞게 함으로써 그에게 경의를 표했다. 이런 '헤아림'은 가장 존경받는 적들에게만 베푸는 것이었다. 자무카는 피를 흘리는 대신에 질식사했다.

테무진은 반대 세력을 물리치면서 한편으로 점점 더 많은 부하들을 끌어들였다. 1206년에 몽골의 유력한 집단의 수장들이 쿠릴타이(khuriltai, 몽골어 '쿠릴타khurilta'의 다른 형태로서 모임이나 회의를 뜻한다. 새로운 군주를 선출하거나 나라의 중요 사안을 논의하기 위해 열렸는데, 이때에 연회나 제사 등도 함께 수행되었다 —옮긴이)를 계기로 모였는데, 오논강 기슭에서 진행된 이 쿠릴타이는 테무진을 그들의 지도자로 선언하고 그에게 칭기스 칸('사나운 지도자')이라는 칭호를 바쳤다. 칭기스 칸의 즉위 후에는 몽골족 사이에서 유력한 샤먼이었던 쿠쿠추(Kököchü)가 최고 권위를 노리는 유일한 도전자가 되었다. 쿠쿠추는 칭기스 칸과 권력을 공유하고자 희망하면서 자신이 지배할 특정 영역을 할당받고자 했다. 그러나 『몽골비사』는 칭기스 칸의 아내 부르테가 샤먼의 계획을 눈치챘는데, 부르테는 이 샤먼 후원자가 칭기스 칸의 권위를 손상시키고 결국에는 내쫓을 것이라고 경고하면서 남편을 설득했다고 기록하고 있다. 부르테의 경고는 이 샤먼의 운명을 결정했다. 칭기스 칸은 자신의 충성스러운 부하에게 이 샤먼을 몰래 붙잡아서 그의 등을 부러뜨려 처형하라고 명령했다.

전기 작가들은 칭기스 칸의 가장 위대한 업적으로 여겨지는 몽골족의 통일에 대한 갖가지 설명들을 제시해왔다. 분명 비범한 카리스마의 소유자였던 그는 많은 지지자들을 끌어들였다. 군사령관으로서의 그의 능력은 명확했지만, 행정이나 정치 면에서의 통찰력 또한 중요한 요소였다. 그는 자신을 크게 신뢰하는 좀더 강력한 지도자들과 연합했다가 결국에는 그 지도자들에게 등을 돌리기 일쑤였다. 그는 언제나 승리의 성과를 부하들과 공유하고자 했던 것 같다. 금욕주의자나 독신주의자는 아니었던 칭기스 칸이 실제로 그에게 패배한 적들의 아내 혹은 첩들을 자신의 후궁으로 삼은 일도 종종 있었다고 하지만, 그의 원정은 호화로운 생활 양식에 대한 갈망으로 추진된 것이 아니었다.

그가 창설한 조직은 통합에 기여했다. 칭기스 칸은 군대를 각각 1천 명 단위의 집단들로 나누었는데, 그것들은 다시 투멘(tümen, 1만 명으로 이루어진 집단)으로 편제되었다. 투멘은 기존 지도자들의 힘을 앗아버리는 역할을 했다. 칭기스 칸은 자신에게 충성하는 사령관들을 선별하여 기존 지도자들을 대체한 것이다. 이 사령관들이 반드시 기존의 엘리트 출신인 것은 아니었다. 칭기스 칸은 그들을 개개의 공적과 충성도를 근거로 선발했고, 그렇게 선발된 사령관들은 칭기스 칸 덕분에 그 지위에 오를 수 있었던 만큼 더욱더 충성을 바쳤다. 이러한 사령관들은 다양한 집단들을 분할하여 개개 구성원들을 서로 다른 투멘에 할당했다. 또한 그들은 기존의 친족 관계와 집단에 대한 충성심을 반드시 없애지는 않았지만, 이 체계가 그러한 것들을 확실히 지워버렸다. 대신에 개편되어 견고해진 단위들에 들어간 개개 일반인들은 서로에게 친숙해짐으로써 새로운 집단들에 대한 충성심을 키우게 되었다. 동물을 돌보는 유목민들에게 목초지와 식량을 하사한 것에 대한 보답으로 사령관들은 세금과 기타 부과금을 징수하고 관할 영역의 평화를 유지해야 했으며, 언제나 사냥과 기타 군사적 훈련을 통해 유사시 군대를 즉각 동원할 수 있는 준비 태세를 갖춰야 했다. 그렇게 해서 동원된 경우에는 칭기스 칸의 군사 원정에서 나름의 역할을 수행해야 했다.

사령관들은 대개 2~3명으로 이루어진 호(戶)에서는 1명의 병사를, 4~5명으로 이루어진 호에서는 2명의 병사를, 6~7명으로 이루어진 호에서는 3명의 병사를 선발하여 훈련시켰다. 이후에는 호구조사를 통해 병사 선발과 징세를 위한 정보를 확보했다. 가장 중요한 것은 칭기스 칸이 최고 지도자이기 때문에 사령관들이 그의 명령에 복종해야 한다는 사실이었다. 비록 자신들의 영역 내에서는 통제권을 가지고 있었지만, 불복종 혹은 군기 위반을 용서하지 않는 칭기스 칸의 엄격한 규율에 따라야 했다. 칭기스 칸은 자신의 규율을 지키지 않는 사령관이나 평민들에게는 처형을 포함한 가혹한 처벌을 가했다. 이러한 체계 속에서 그는 모든 몽골족에 대한 집중적 통제를 확립했다. 결국에 그가 몽골리아 밖으로 과감히 치고나감에 따라 몽골족이 아닌 사람들도 그의 영향권 내로 상당수 유입되어 그의 군대에서 중추를 이루었는데, 이는 칭기스 칸을 성공으로 이끈 또다른 요인이 되었다.

근본적으로, 칭기스 칸은 그에게 충성하는 새로운 귀족 계층을 만들었다. 비록 전부는 아니었지만, 그는 상당수의 집단과 씨족에 대한 충성심을 돌려놓음으로써 귀족들 스스로 칸에게 소속되도록 설득했다. 칭기스 칸도 귀족들의 환심을 사려고 노력하면서 대규모 군사 원정에 나서기 전에는 그들에게 조언을 구했다. 그는 군사 원정을 고려할 때마다 쿠릴타이를 소집했고, 쿠릴타이가 새로운 칸을 비준하거나 선출하는 소임을 맡을 수 있게 장을 마련했다. 그가 조직했던 케식(keshig, 호위대 역할을 하는 새로운 엘리트 부대)은 그의 권력을 더욱 강화했다. 수백 명의 분대(分隊)로 출발한 케식은 대략 1만 명에 이를 정도로 성장했는데, 이들은 칸을 호위했을 뿐만 아니라 칸의 식사를 준비했고 칸의 의복을 관리했으며 칸의 무기들을 구비해놓기도 했다. 칭기스 칸은 일부러 사령관들의 일부 자제들을 케식으로 선발했다. 이 정책으로 칭기스 칸은 유능하고 숙달된 부하들을 확보했는데, 이 부하들은 사령관 아버지들이 반란을 획책하지 못하게끔 하는 인질이기도 했다.

칭기스 칸은 또 몽골족 평민들을 통제하고 원정에 동원하기도 했는데, 평민들에게 가하는 부담 중 일부는 너무 지나쳐 보였다. 평민들은 군사 원정에 복무하기 위해 여차하면 자기 동물들을 방치해야 했고, 전투력 향상을 위해 매년 이루어지는 사냥에 참여해야 했다. 평민들은 또 칭기스 칸으로부터 그들의 주군에게 축산품이나 식량의 일부를 바치라는 요구를 받았다. 이와 유사하게 사령관들은 위기가 닥쳤을 때 특별한 징발령을 내렸다. 몽골리아의 지도자들은 원정을 앞두거나 혹은 그들의 영역 일부에서 긴급한 조달이 필요할 때에는 평민들을 불러냈다. 이러한 부담에도 불구하고, 대다수의 평민들은 칭기스 칸에게 충성을 바쳤다. 원정을 마친 칭기스 칸은 전리품을 평민들에게 나누어줌으로써 부분적으로나마 지지를 얻었다. 평민들 입장에서는 칭기스 칸에 대한 의무를 저버리는 데 따른 후과를 의식해서 그를 지지한 측면도 있었다.

칭기스 칸은 외국인 장인(匠人)들도 활용하고자 했는데, 이는 그들을 포로로 잡거나 혹은 넉넉한 포상을 통해 끌어들이는 방식으로 이루어졌다. 몽골족의 경우는 이동이 잦고 원자재의 안정적 공급을 기대할 수도 없어서, 장인 계급이 성장하지 못했다. 그러나 사치품이나 길이 남을 건축물에 대한 사령관들의 갈망은 대규모 장인 집단을 필요로 했다. 칭기스 칸은 외국인들을 장인으로 차출할 때는 후한 대우를 해줘야 했고, 종종 그들에게 세금과 강제 노역을 면제해주었다. 이후 몽골의 판도가 확장되면서 칭기스 칸과 그의 후손들은 외국인 통역자, 기술자, 재정 전문가들의 조언과 도움도 얻어야만 했다. 장인들이 그랬던 것처럼, 이런 외국인들은 궁정에 복무하는 대가로 넉넉한 보수를 받았다.

외국인들 중에서 특히 중용된 집단은 위구르 투르크족이었는데, 이들은 문자를 가지고 있었고 실크로드를 따라 자리한 오아시스들에 거주하면서 상인과 장인으로서 번영을 누리고 있었다. 그래서 위구르족은 몽골족이 필요로 했던 행정적·상업적·예술적 능력을 보유하고 있었던 것이다. 1211년에 위구르족이 칭기스 칸에게 항복함에 따라, 칭기스 칸은 새롭게 복속시킨 영역을 통치하기 위한 조력자를 얻게 되었다. 이러한 통치 과정에서 탐마(tamma, 탐마 혹은 '탄마tanma'는 몽골제국의 국경 지대에 배치되었던 유목 부대를 일컫는다. 탐마군은 몽골족이 점령한 지역들 중에서도 주로 정주 지대에 배치되어 임무를 수행했다—옮긴이)라고 알려진 특별한 군사 단위가 평화를 보증했고, 다루가치(darughachi, 몽골족이 정복한 지역들의 관료를 감독, 감시하기 위해 파견했던 직책으로, 민정 장관 격이다. 몽골어로는 다루가치 혹은 '다루가darugha'라고 불렸고, 페르시아어로는 '샤흐나shahna', 투르크어로는 '바스칵basqaq'이라고 불렸다. 다루가치라는 용어는 특정한 기능을 가리키기보다는 특정 지역에서 몽골 지도자를 공식적으로 대리하는 사람을 가리킨다―옮긴이)가 지역들을 다스리기 위해 배치되었다. 대다수의 다루가치들은 위구르족 혹은 읽고 쓸 줄 알고 유능하며 경험이 있는 다른 외국인들을 등용하여 곁에 두고 활용했다. 이러한 외국인 전문가들과 조력자들이 없었다면, 칭기스 칸과 그의 후손들은 몽골제국을 창건할 수 없었을 것이다.

칭기스 칸의 대외원정

여러모로 부족한 환경으로 인한 경제적 불안정, 그리고 중국의 왕조가 필수 생산품 교역을 거부한 것은 몽골족이 그들의 본거지로부터 분출하게 한 일반적 요인이었지만, 몽골이 세계의 다른 지역까지 침략한 특별한 동기가 무엇이었는지는 의문이다. 그들의 등장을 설명하기 위해 종종 거론되는 것이 바로 그들의 군사적 탁월함이다. 몇몇 학자들에 따르면, 몽골족은 초원에서의 생활로 다져진 강인함 때문에 공격적일 수밖에 없었고, 그러한 공격성이 이웃 나라들을 침략하는 방향으로 확대되었다는 것이다. 또다른 학자들은 전리품에 대한 몽골족의 갈망이 정주 문명에 대한 약탈과 침입을 불가피하게 초래했다고 주장한다. 몽골족의 군사적 강점과 상황이 13세기에 그들을 눈부신 성공으로 이끈 것은 확실하지만, 몽골이 자신들의 영역을 넘어서까지 이동한 원인을 설명하지는 못한다. 그것이 몽골족이 아시아의 대부분을 어떻게 정복했는지를 말해주긴 해도, 왜 그렇게 정복했는지를 말해주지는 않는 것이다.

또다른 일련의 설명들은 칭기스 칸 자신과 관련되어 있다. 칭기스 칸이 당시에 막 복속시킨 몽골 민족들에게 스스로의 능력을 보여주려고 정주 문명에 대한 원정에 나서 평판을 얻을 필요성이 있었다는 것이다. 그는 하늘 신 텡게리가 세계를 통합하고 지배할 임무를 자신에게 맡겼다고 믿었던 것 같다. 그런데 이러한 해석은 세 차례의 중요한 대외원정에서 그가 시행한 정책과 모순된다. 중앙아시아에서만 대규모 점령군을 유지했던 그는 경제적인 목표를 달성하면 그 지역으로부터 철수했다. 만약에 칭기스 칸이 세계를 정복하겠다는 원대한 비전을 가졌다면, 그는 군사 원정을 수행했던 나머지 두 지역에 대해서도 전반적인 통제를 유지했어야만 했다. 그러나 당시의 다른 몽골족들처럼 그는 전리품과 교역에 집중했을 뿐,

또다른 영역을 정복하고 점유하는 일에는 관심을 두지 않았다. 필요하다면, 다른 원정에서 지원 용도로 쓸 조공과 군대를 요구했다. 애초에 추가로 영토를 획득하는 일에 흥미를 가지지 않았다는 점은 칭기스 칸이 텡게리의 명령을 받들려고 했다고 보는 해석이 잘못되었음을 말해준다.

좀더 최근의 또다른 설명은 기후에 근거를 두고 있다. 이 이론을 주장한 사람은 몽골리아의 연평균 온도가 12세기 말에 낮아졌다고 단언한다. 온도가 낮아졌다는 것은 곧 초원에서 자라는 풀의 키와 양이 줄어들었음을 의미할 것이다. 결국 풀에 의존하는 동물들이 위기를 맞음에 따라 가축들에 의지하는 몽골족도 비슷하게 타격을 받았고, 생존을 위해서는 몽골리아 밖으로 이동해야 했던 것이다. 이 가설은 흥미롭기는 하지만, 당시의 입증될 수 없는 전제에 기초하고 있다. 낮은 온도가 풀에 끼치는 영향에 대한 분석 자료를 입수할 수 없고, 그런 자료는 또 온도의 하락과 생태의 급변 정도의 관계를 보여주는 증거도 아니다.

요컨대, 몽골 민족의 통일과 군사 기술의 새로운 발전, 그리고 기후 모두가 몽골의 침략을 초래한 요인이라고 할 수 있을 것이다. 이 각각의 요인으로 인한 상황을 이용하여, 칭기스 칸은 통일된 몽골 민족의 칸이 되었던 것이다. 물론 칭기스 칸은 몽골족을 친히 조직해서 그들에게 정주 문명의 영토를 침

1. 이 전투용 기치(旗幟)는 현존하는 몇 안 되는 몽골제국 유물의 하나로, 칭기스 칸과 몽골족들이 전장(戰場)에서 적을 위협하기 위해 사용한 것이었다.

략하는 것만이 아니라 정복까지 해야 한다는 비전을 인식시켰다.

칭기스 칸은 몽골리아 밖으로 원정을 나서면서 언제나 이른바 복종의 명령서를 지닌 사절들을 다른 지역의 지도자들에게 파견했다. 그는 자신의 지배를 받아들이라고 요구했고, 이를 받아들일 경우에는 자신이 요구하는 세금을 바치고 봉사를 수행하는 한 그 지역 지도자들의 지위를 묵인했다. 만약에 외국의 집단이 저항하면 그는 군사 원정을 개시했다. 그러니까 칭기스 칸이 항상 전쟁에 목말라 있던 것도 아니었고 그의 일련의 정복들이 미리 계획된 일도 아니었던 것이다.

칭기스 칸과 그의 후손들이 거둔 뚜렷한 성공의 요인들을 정확히 파악하기는 쉽지 않다. 처음에는 군사가 100만도 되지 않았던 군대로 그들은 세계 역사상 판도가 가장 큰 연속적인 육상제국을 수립했다. 전성기에 제국은 북쪽으로는 고려(고려가 몽골제국의 일부였는지에 대해서는 학계에서 여전히 논쟁 중이다. 몽골은 고려를 멸망시키지는 않았고 또 고려왕이 그대로 고려를 통치하게 하고 국체國體를 유지하게 했다는 측면에서 보면, 고려는 몽골제국의 일부가 아니었다. 그러나 고려왕이 몽골제국의 부마駙馬가 되고 정동행성征東行省의 승상으로 임명되었다는 측면에서 보면, 고려가 온전하게 국체를 유지했다고 보기는 쉽지 않다—옮긴이)에서 러시아까지, 남쪽으로는 중국과 중동까지 뻗어 있었다. 몽골족이 성공을 거둔 요인 중 일부는 유라시아의 많은 나라들을 괴롭힌 지역 분권과 분쟁에도 있었다. 예컨대, 별도의 세 왕조는 서로 적대적이면서 종종 전쟁까지 벌이면서 중국을 지배했다. 중국의 토착 제국인 남송(南宋)은 양자강(揚子江) 남쪽의 땅을 다스렸다(저자는 남송의 영토가 양자강 이남이라고 계속 서술하는데, 이는 사실과 다르다. 남송과 금 제국은 양자강보다 북쪽에 있는 회수淮水를 경계선으로 삼았기 때문이다. 남송의 영토는 회수 이남이라고 해야 정확하다—옮긴이). 만주족의 조상이기도 한 통구스계 민족인 여진족은 1126년에 북중국을 점령하여 송 제국이 수도 개봉(開封)을 버리고 남쪽의 항주(杭州)로 이동할 수밖에 없게 만들었다. 중국의 양식과 중국의 영향을 받은 금(金) 제국을 창건한 여진족은 북중국의 대부분을 지배했지만, 중국인 백성들로부터 절대적인 충성을 얻어내지는 못했다. 티베트인, 투르크족과 가까운 민족인 탕구트(Tangut)족은 중국 북서부에 하(夏) 왕조를 수립했고, 이로 인해 중국은 세 개의 별도 구역으로 분리되어 약해졌던 것이다.

더 서쪽으로 가서 중앙아시아는 호라즘 제국의 샤(Khwarazmian shah)에 의해 통제되는 지역이었는데, 호라즘 샤는 그에게 반항하는 사람들과 맞서고 있었다. 그와 여러 지도자들은 투르크족이었지만 대다수의 주민들은 이란인이었고, 이것이 긴장과 갈등의 원인이었다. 대체로 주민들은 샤를 따르지 않았다. 오늘날의 러시아 동부에는 민족적으로 다양한 사람들이 거주하고 있었고, 중앙 정부가 존재하지 않았다. 러시아 서부에는 다수의 도시국가들이 들어서 있었는데, 서로 별개인 이들은 상업적인 이권을 놓고 종종 충돌했다. 이러한 분열 외에도, 그들 군대의 타락과 퇴폐로 인해 생기는 문제들은 몽골족이 복속시킨 거의 모든 국가들을 괴롭히고 있었다. 칭기스 칸과 그의 후손들은 이들 국가를 정복하기 위해 그 약점들을 활용한 것이었다.

1209년에 칭기스 칸은 탕구트족과 그들의 중국식 왕조인 하(夏)에 대한 원정을 시작했다. 원정의 이유는 서쪽에 대한 완충지대를 조성하려 했던 데에도 일부 있었고, 하 왕조가 지리적으로 중앙아시아와 이란으로 가는 교역로 상에 위치하고 있어서 그만큼 가치가 컸던 데에도 있었다. 칭기스 칸은 자기 군대와 대립한 몽골의 한 집단을 탕구트족이 도와주었다고 주장하면서 탕구트족에 대한 원정에 나섰다. 그러나 칭기스 칸의 군대는 성을 포위하고 함락시키는 기술을 개발하지 못했다. 그들이 황하의 물길을 바꿈으로써 홍수를 일으켜 탕구트족 수도의 성벽을 붕괴시키려 했을 때, 자신들도 물에 빠지는 위치에 있음을 알고 당황해서 즉각 더 높은 지대로 도망쳐야 했다. 승패가 결정되지 않은 몇몇 전투를 치른 후에 양측은 불안정한 화평을 이루었는데, 여기에서 탕구트족은 말로

만 항복을 했다. 탕구트족의 지도자는 자기 딸을 칭기스 칸에게 보내면서 몽골족을 지원하겠다고 맹세했지만, 탕구트족이 완벽하게 복속된 것은 아니었다.

미심쩍긴 해도 탕구트족의 항복으로 인해 서쪽으로 가는 교역로를 일부 통제할 수 있게 된 칭기스 칸은 이제 북중국으로 시선을 돌렸다. 1211년에 그는 몽골족과의 교역에 제한을 두고 있던 여진족의 금 제국에 대한 4년에 걸친 원정을 시작했다. 칭기스 칸은 광범해진 전선(戰線)에서 여진족 군대를 격파했고, 결국 1214년에 금 황제는 몽골족에게 복속의 대가로서 비단과 말을 조공으로 바치는 것을 받아들이고 이에 맹세했다. 그후 얼마 지나지 않아 황제는 수도인 중도(中都, 오늘날의 북경 지역)로부터 남쪽의 개봉으로 이동했는데, 이는 맹세를 어기는 것으로 여겨졌다. 몽골측은 중도를 포위하기 위해 대군을 이끌고 와서 길고 끈질긴 사투를 벌였다. 그러나 공성전(攻城戰)의 전문가들이었던 중국인 도망자들의 도움으로 몽골족은 투석기를 확보해서 이 도시에 거대한 돌덩이들을 발사했다. 그리하여 중도를 함락시킨 데 이어 한 달 동안 대규모 약탈과 살육을 벌였다. 칭기스 칸은 자신이 정복한 금 제국 지역에 소수의 군대를 주둔시켰지만, 이 승리를 북중국 점령에 활용할 수는 없었다.

대신에 칭기스 칸은 중앙아시아로 시선을 돌려야 했다. 도시 오트라르(Otrar)의 지방 총독은 몽골족과 무슬림으로 구성된 대규모 상인 집단을 학살하면서 이들이 스파이였다고 비난했는데, 아마도 결정적인 계기는 호라즘 제국의 샤인 알라 앗 딘 무함마드('Ala' al-Din Muhammad)가, 처형을 위해 총독을 넘기라고 요구한 칭기스 칸의 사절 중 한 명을 죽인 일이었을 것이다. 몽골족은 사절을 살해한 것을 가장 흉악한 범죄 중 하나로 여겼다. 이 죽음에 대해서는 기필코 복수를 해야 했다. 철저하게 준비한 뒤, 1219년에 칭기스 칸은 호라즘 샤와 그의 영역에 대한 원정에 나서고자 20만 명 규모의 군대를 조직했다고 자료들에 나와 있다. 몽골족이 이러한 대군에 필요한 군량, 그리고 힘겨운 사막이나 험준한 산악을 통과하며 이동하는 데에 필요한 말들까지 어떻게 조달했는지에 대해서는 여전히 명확하게 알려진 바가 없다. 샤와 그의 부대는 성벽이 에워싼 도시로 물러나서 몽골 군대를 기다렸고, 폐쇄된 '성채'에 대한 공격을 견뎌낼 수 있을 것이라고 자신했다. 그러나 이 때의 몽골족은 투석기나 또다른 발사체를 활용해서 공성전을 펼치는 데에 익숙해져 있었다. 다섯 달에 걸친 오트라르 포위 공격은 몽골의 대승으로 끝이 났다. 1220년 2월에 칭기스 칸은 부하라에 진입하여 그곳 대부분의 마을들을 파괴했다. 상당한 저항을 이겨낸 그의 부대는 한 달 후 사마르칸트로 이동하여 그곳의 일부를 파괴했고, 3만 명의 장인들을 중국으로 끌

2. 칭기스 칸의 중앙아시아·서아시아 원정(1219~1225년)

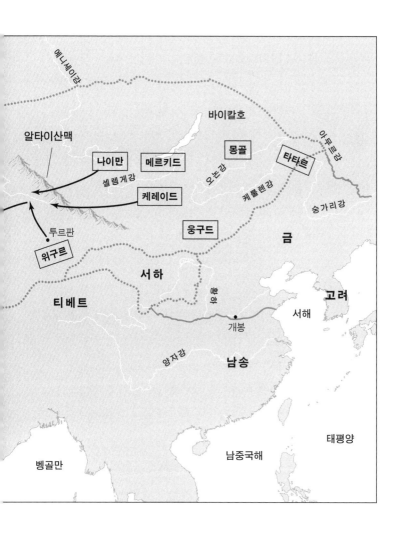

고 갔다.

만약에 이 도시들이 저항하지 않고 항복했다면, 칭기스 칸
은 이러한 파괴를 방치했을까? 아마도 다른 중앙아시아 사람
들을 공포에 몰아넣고 더이상의 저항을 단념시키기 위해 일
부러 주민들을 가차없이 살해할 수도 있었겠지만, 파괴를 방
치하지는 않았을 것이다. 이와 관련한 소식은 사람들을 두려
움에 떨게 했고, 몽골족의 잔혹하고 야만적인 이미지를 형성
하는 데에도 일조했다. 이란의 역사가인 주바이니는 몽골족
"쳐들어와서 해치고 불태우고 죽이고 약탈하고는 떠났다"고
기록했고, "비옥함이 넘쳐흐르던 세계는 단 한 번의 공격으로
인해 황폐해졌고, 게다가 이 지역들은 사막으로 변했으며 엄
청난 수의 생물들이 죽고 그들의 살과 뼈가 먼지로 사라져버
렸다"고 했다. 또다른 작가는 몽골족이 아프가니스탄의 주요
도시였던 헤라트의 인구 전체를 모조리 죽였다고 주장했다.
분명 이란의 기록들은 살해된 사람의 숫자를 부풀리고 도시
들과 촌락들에 대한 파괴 정도를 과장했겠지만, 결국 중앙아
시아는 황폐해졌고 알라 앗 딘 무함마드는 본거지로부터 달
아나던 도중 1221년에 사망했다.

몽골 군대는 호라즘 정부에 치명적인 타격을 입혔고, 칭기
스 칸의 다른 원정들에 비해 가장 큰 규모의 영토를 병합했다.
칭기스 칸의 군대는 발흐, 메르브, 니샤푸르를 포함하여 동부

이란과 오늘날의 아프가니스탄을 점령하고 바미안과 헤라트를 약탈했는데, 몽골족은 비로소 영토를 실제로 장악하고는 그 지역을 지배하고자 했다. 다른 원정들에서 칭기스 칸은 단지 전리품이나 혹은 유리한 경제적 관계 수립을 목표로 삼았었다. 중앙아시아 침략은 칭기스 칸이 다른 국가들을 통제하고 지배하기를 원했음을 처음으로 보여준 사건이었고, 이는 중요한 진전이었다. 칭기스 칸이 새로운 영역에 다리, 도로, 창고를 건설하고 충분한 목초지를 확보하려 했던 초기의 노력은 이러한 열망을 더욱 뚜렷하게 보여주는 것이었다.

심지어 호라즘 샤가 사망한 이후에도 그의 아들인 잘랄 앗딘(Jalal al-Din)은 1231년에 죽을 때까지 몽골족을 지속적으로 괴롭혔다. 그사이에 칭기스 칸은 자신의 목표를 달성했다. 그는 원정 때 더욱 앞질러 나가는 분견대를 파견했는데, 이들은 카스피해로 향하는 모든 길에 당도했다. 이와 동시에 그의 다른 군대들은 고려에 대한 첫 침입을 개시했고, 북중국을 통제했던 금의 지도자에 대항하기 위해 남송 제국과 협력했다.

칭기스 칸은 자신의 마지막 원정을 위해 중국 북서부로 향했다. 그가 패배시켰던 첫 외국인 집단인 탕구트족은 호라즘 샤에 대한 전투에서 지원을 거부했기 때문에 처벌되어야만 했다. 그는 탕구트족의 중심부인 영하(寧夏)에 도착했지만, 얼마 지나지 않은 1227년 8월에 세상을 떠났다. 몇 달 후, 그의 군대는 하 왕조를 제압했고 수많은 탕구트족을 학살했다. 칭기스 칸은 아마도 노령으로 힘에 부쳐서 사망한 것으로 보이지만, 다른 위대한 역사적 인물들처럼 그의 죽음과 장례는 신화나 전설로 감싸이게 되었다. 훗날의 한 기록은 칭기스 칸이 탕구트족과 싸우던 도중 화살에 맞은 부상의 여파 때문에 사망했다고 하고, 또다른 기록은 전해의 겨울 사냥에서 입었던 상처들 때문에 사망했다고 전한다. 더욱 기상천외한 기록은, 포로로 잡은 적장의 부인이 자신의 성기 속에 칼을 숨겨두었다가 성관계 중에 칭기스 칸을 찔러 죽였다고 서술하고 있다.

훗날의 기록들에 따르면, 칭기스 칸의 시신은 멀리 떨어진 부르한 할둔(Burkhan Khaldun, 부처의 절벽이라는 의미) 혹은 오늘날의 헨티(Khentii) 아이막(aimag, 몽골의 지방 행정단위)까지 운구되어 그곳의 비밀 장소에 매장되었다. 이때 40명의 소녀들과 노획한 수많은 말들도 함께 순장되었다. 몽골족은 도굴꾼들에게 혼란을 주기 위해 무덤의 정확한 위치를 일부러 숨겼다. 그러나 많은 학자들은 이 기록에 의문을 품으면서, 칭기스 칸이 그가 사망했던 곳인 중국 북서부의 오르도스(Ordos) 지역에 매장되었고 극소수의 유품들만 몽골리아로 돌려보내졌을 것이라고 주장한다. 학자들은 몽골족이 방부 처리 기술을 개발하지 못했기 때문에 칭기스 칸의 시신을 여름의 열기 속에 몇 달에 걸쳐 특정 장소로 운구할 수는 없었을 것이라고 본다. 최근에 몽골리아 북동부에서는 그의 무덤 자리라고 여겨진 곳에서 발굴이 이루어졌지만 아무런 성과도 가져오지 못했다. 일본의 발굴 팀이 부속 건물이나 그 지역에서 난 곡물, 번창했던 제철 및 도자기 산업의 증거는 찾아냈지만, 그렇다고 해서 이것을 결코 칭기스 칸 본인과 연결할 수는 없다.

　행정적인 변화나 몽골 통제하의 영토 확대와 더불어 칭기스 칸은 또다른 혁신을 도입했는데, 아마도 더욱 중요한 것 중의 하나는 외국의 종교들에 대한 그의 관용 정책일 것이다. 그는 몽골의 지배를 수긍하도록 사람들에게 영향을 줄 수 있는 종교 지도자들에게 환심을 사려고 애썼다. 그의 주된 관심사는 종교를 자신의 통치에 활용하는 것이었다. 그는 외국의 특정 종교에 헌신했던 것 같지는 않지만, 그래도 종교 지도자들로부터 실질적인 혜택을 얻으려고 시도했다. 불로장생의 약을 구하려 했던 중국 도사(道士)들의 노력을 배우기 위해 그는 도사 현인(賢人)인 장춘(長春)을 초대했다. 장춘은 칭기스 칸의 중앙아시아 원정에도 동행했다. 그런데 장춘은 연금술에 손을 대지 않았고, 불로장생을 얻기 위한 수단을 추구하지도 않았다. 이렇게 장춘이 포기했음에도 불구하고 칭기스 칸은 장춘을 우대하면서 그의 의견을 경청했다. 심지어 장춘은 몽골의 칸에게 신은 살해를 증오하기 때문에 사냥을 그만두라고 촉구할 정도의 용기까지 가지고 있었다. 칭기스 칸은 이

도사 현인을 지원함으로써 중국의 도교도들을 자기편으로 끌어들이려 했던 것으로 보인다. 예컨대, 그는 장춘의 제자들과 도교 승려들에게 전반적으로 세금을 면제해주었다. 칭기스 칸이 비록 여타 종교들에 관대했던 것은 아니지만 어떠한 종교적 박해도 용납하지 않았다.

잘 알려진 몇몇 예외를 제외하면, 칭기스 칸의 후손들은 대체로 종교적 관용 정책을 견지했지만, 몽골족이 외국의 종교들에 대해 어떤 태도를 가졌는지는 파악하기가 어렵다. 소수의 사람들은 불교를 신봉하기 시작했고, 또다른 일부는 이슬람교로 개종했다. 하지만 몽골제국이 몰락한 이후 몽골리아의 본거지로 돌아간 몽골족은 전통적인 샤머니즘 의식을 유지했다.

훗날 칭기스 칸의 아들들과 손자들이 채택하게 된 그의 또다른 정책은 자신의 통치를 보조할 외국인 조언자와 행정가를 선발하는 것이었다. 1204년, 칭기스 칸은 글을 읽고 쓸 줄 아는 한 위구르 투르크인에게 투르크 문자를 채택해 몽골어의 초기 문자를 만들어서 사용할 수 있게 하라고 명했다. 이는 몽골 지역과 장차 정복하게 될 다른 영역들을 통치하는 데에 요구되는 행정 수단을 개발하기 위한 중요한 조치였다. 중국과 중앙아시아에 대한 원정 기간에 칭기스 칸은 외국인 병사, 행정가, 통역자들을 등용했다. 그가 초기에 등용한 사람 중 한 명이었던 야율초재(耶律楚材)는 몽골의 판도에 든 새로운 영역을 지배하기 위한 제도들을 창안하는 데에 협조했다. 이 중국화된 외국인은 중국 양식의 행정 체계를 창설할 것을 주장했는데, 칭기스 칸은 이를 수용할 준비가 되어 있지 않았지만 그의 아들들과 손자들은 결국 이를 수용했다. 칭기스 칸은 한편으로 외국인들과의 대대적인 접촉을 고집스럽게 후원했고, 이는 그의 계승자들이 비(非)몽골족을 등용하고 외부와의 교역을 추구하게 이끌었다.

칭기스 칸의 정책들 중 깊은 영향을 끼친 또다른 것으로 자삭(Jasagh, 몽골제국의 법률을 일컫는 용어로, 초원의 전통과 칭기스 칸의 칙령 및 성훈聖訓의 내용이 조합된 것이었다. 이는 제국의 모든 백성들에게 적용된 것은 아니었고, 주로 유목민들에게 해당되는 규칙들이었다. 원래 몽골어 용어는 자삭이지만, 서방으로 전파되는 과정에서 바뀌어 '야사Yasa'로 더 잘 알려지게 되었다―옮긴이)의 점진적 발전을 들 수 있는데, 자삭은 군대와 평민들을 규제하는 지도 원칙이자 법률이었다. 칭기스 칸은 일생에 걸쳐 자삭을 계속 추가했고, 생존시 그가 내린 결정들은 기록으로 남겨지기 시작했다. 그러나 몽골어로 된 원래 판본은 보존되어 있지 않기 때문에 그 내용은 이슬람 작가들의 저작에 들어 있는 것들을 통해서만 파악할 수 있다. 이 법률들은 유목 경제와 관련되어 있었고, 농업 경제에는 또다른 일련의 법률들이 필요했다. 자식에는 토지 소유권, 소작인의 권리와 의무, 재산 상속, 칭기스 칸이 복속시킨 정주 사회들의 중요한 요소를 다루는 조항들이 없다.

칭기스 칸은 또 교역이나 장인의 기술을 적극적으로 후원한 사람이었다. 그와 동료 몽골족은 몽골리아 밖으로 영역을 확장하기 전부터 생존을 위해 정주 사회들과의 교역을 필요로 했다. 그래서 그는 가능한 한 교역에 호의적인 태도를 가지면서 교역을 육성했다. 그의 계승자들도 같은 정책을 추구했는데, 이는 당시 문명들 사이에서 가장 광범한 접촉을 야기했다. 또한 몽골족에게는 전통적으로 장인들이 별로 없었기 때문에, 칭기스 칸은 장인들에 대해 협조적이고 관용적인 정책을 취하게 되었다. 칭기스 칸과 그의 계승자들은 생필품들을 높이 평가했고, 금사(金絲)가 들어간 비단(혹은 금사 직물)과 같은 사치품들을 탐내기 시작했다. 이러한 후원은 몽골제국 전역에서 장식 예술품이 폭발적으로 증가하는 결과를 낳았다.

칭기스 칸의 마지막 유산은 대규모의 막강한 군사력과 놀라울 정도로 높은 강도의 폭력이었는데, 이는 급기야 양날의 검이 되었다. 그의 군대는 유라시아의 다른 대부분의 군대들보다 월등했다. 그런데 그 규모와 성공은 추가적인 정복을 향한 거의 주체할 수 없는 추진력으로 작용했고, 더욱 많은 전리품과 더욱 넓은 땅을 지배하려는 갈망을 불러일으켰다. 전쟁에 대비해 육성했던 이런 대규모 군대를 가지고 달리 무엇을 할 수 있었겠는가? 이들의 폭력 사용은 위협적이었고, 전투 도중이나 전투 이후의 파괴 정도 또한 정점을 찍었다. 외국의 관찰자와 작가들은 분명 탕구트족, 여진족, 그리고 중앙아시아인들에 대한 원정 부대의 잔인함을 과장했겠지만, 그럼에도 불구하고 칭기스 칸은 몽골족이 새로운 원정에 나서도록 부채질한 폭력의 전통을 물려주었다. 그의 공격은 적어도 수천, 수만의 인명을 무차별적으로 잔인하게 앗아버렸고, 수백 명 혹은 수천 명을 불구로 만들었다. 최근에 그를 가리켜 위대한 영웅적 인물이라거나 민주주의와 국제법을 신봉했던 사람이라고 묘사한 것은 이러한 역사적 진실과 모순된다.

칭기스 칸의 가장 위대한 업적은 몽골족을 통일한 것이었다. 그는 한 지역에서 다른 곳으로 이동하는 과정에서 몽골리아, 시베리아 및 인접 지역에 걸쳐 방랑하던 유목민들을 하나로 묶었다. 이 몽골족들은 좀더 소규모의 단위들에 익숙했고, 아마도 수십 호를 조직하는 것이 최적이라고 믿었을 것이다. 칭기스 칸은 더욱 거대한 연맹을 만들기 위해 이들을 설득하거나 혹은 압박하는 데에 상당한 노력을 들였고, 이는 그들의 군사적·정치적 성공의 기반이 되었음이 입증되었다.

제 3 장

정복과 지배

칭기스 칸은 1227년에 사망했는데, 이미 그전부터 제위계
승에 대해 고민했다. 몽골의 영역은 중국 북서부와 중앙아시
아를 포괄할 정도로 확장되었던 만큼, 이제는 평화와 번영을
촉진하여 칭기스 칸 가문 세력의 부를 늘리기 위해서 통일된
지배가 필요했다. 그는 칸국이 자신의 후손들 수중에 계속 놓
여 있어야 한다고 규정했고, 이에 대해서는 몽골의 귀족들도
동의했다. 그러나 그는 한 지도자에서 다른 지도자로 지배권
이 별다른 갈등 없이 손쉽게 넘겨질 수 있는 구조를 마련하지
는 않았다. 그는 계승자로 자기 아들 우구데이(Ögödei)를 선
택했지만, 미래의 선택들을 위한 특정 제도를 남기지는 않았
다. 이러한 소홀함은 급기야 파괴적인 갈등과 내전을 불러왔

고, 결국 몽골제국을 약화시키게 되었다.

서방 원정

1227년에 칭기스 칸은 자신의 계승자로 아들 우구데이를 선택함으로써 그의 영역에 대한 지배권을 둘러싸고 일어날 수도 있는 분쟁을 막았다. 그러나 그가 사망한 후에도 몽골족은 표준적인 혹은 순서가 정해진 계승 체계를 발전시키지는 못했다. 그들은 장자계승(長子繼承) 혹은 말자계승(末子繼承, 이는 몽골의 전통적인 관습이었다) 중 어느 것도 고르지 않았다. 대신에 초반의 몇몇 시험들을 거친 후에 가장 저명한 몽골 군사령관들로 구성된 쿠릴타이에서 칭기스 칸 가문에 속한 자를 계승자로 선출했다. 이러한 절차는 일종의 재앙이었음이 입증되었는데, 무엇보다 쿠릴타이에서 서로 다른 집단들이 저마다의 후보자를 지지함에 따라 갈등과 폭력까지 야기했기 때문이다. 심지어 쿠릴타이에 의해 승인된 후에도, 새로운 지도자는 여전히 통치를 위해 귀족들의 충성을 유도해야만 했다. 1241년에 우구데이가 사망한 후 몽골 귀족들의 모임에서 이루어진 선출 절차는 갈등을 초래했고, 이는 그들이 정복해서 세운 제국을 약화시켰다. 실제로 그의 죽음은 제국의 종말을 상징하는 것이었을 수도 있다.

칭기스 칸의 본처에게서 태어난 그의 네 아들들은 모두 칭기스 칸의 영역에서 지도적인 위상을 부여받았다. 실제로 칭기스 칸보다 몇 달 앞서 사망한 장남 조치(Jochi)는 볼가강까지 뻗어 있던 호라즘 제국 영역의 북쪽 땅을 받았다. 그는 결국 러시아의 대부분을 지배하게 되는 킵차크 칸국(Golden Horde)의 창건자가 되었다. 칭기스 칸의 차남인 차가다이(Chaghadai)는 중앙아시아의 오아시스들과 도시들에 대한 통제를 맡았다. 막내아들인 톨루이(Tolui)는 가장 유능한 군사령관으로 묘사되고 있지만, 외교적 수완에서는 형 우구데이에 뒤졌다. 그래서 그는 몽골 본거지를 관할하는 것으로 위상이 정해졌다. 이 셋 모두 '칸(khan)' 칭호를 받았지만, 최고 지도자는 '카간(Khaghan, 칸들 중의 칸이라는 의미)' 칭호를 받게 되었다.

당시의 관찰자들과 작가들은 대부분 거의 예외 없이 우구데이를 칭송했다. 중국 왕조의 역사서는 그를 가리켜 사려 깊고 관대하며, 성실하고 훌륭한 성품을 가지고 있다고 서술했다. 이란의 역사가들은 우구데이를 호의적으로 보면서, 그는 채무자들이 빚을 탕감해달라고 탄원해오면 종종 그렇게 했다고 기록했다. 그들은 우구데이가 상인들에게 관대했고, 그의 영역에 있는 이슬람교와 네스토리우스 기독교 및 다른 종교들에 대해서도 관용적이었다고 주장했다. 우구데이에게는 차가다이나 톨루이가 가진 군사적 예봉(銳鋒)이 없었지만, 그가 가진 중재자로서의 역량과 여타 종교들이나 집단들에 대한 관용으로 그런 부족함을 상쇄했다. 그러나 아버지와 달리 그는 자신의 지위를 물려받은 것이었고, 아버지가 스스로 권력을 강화하기 위해 발전시킨 개인적 유대와 같은 것들을 도모하지는 않았다. 그럼에도 불구하고 아버지가 그를 선택함으로써 그는 정당한 지도자로 인정받았고, 아버지가 그랬던 것처럼 새로운 영토로 계속 확장해나갔다. 몽골족의 판도가 커질수록 세금과 전리품 혹은 목초지를 얻을 기회도 더욱 늘어났다. 게다가 칭기스 칸이 육성해놓은 군대는 공격을 위한 새로운 땅을 필요로 했다.

머지않아 우구데이는 자기 병사들의 욕구를 채워줄 수 있었다. 1230년에 중앙아시아에 있던 그의 군대는 아무 다르야 강을 건너 이란의 동쪽 경계 지대로 향했다. 또한 더욱 가깝게는 여전히 북중국의 대부분을 장악하고 있던 금 제국에 대한 원정을 개시했다. 송 제국으로부터 일부 지원을 받은 몽골 부대의 공세로 인해 금 황제는 1233년에 수도 개봉으로부터 도망갈 수밖에 없었다. 뒤이어 몽골족은 금 황제의 군대를 포위했고, 금 황제는 1234년 초에 자살했다. 그리하여 우구데이는 중국의 양자강 북쪽(다시 말하지만, 금 제국의 남쪽 경계는 양자강이 아닌 회수였다─옮긴이) 지역의 물적·인적 자원을 점유하고 활용할 수 있게 되었고, 나아가 만주와 고려를 신속하게 제압

3. 라시드 앗 딘의 사본 삽화. 매우 사교적이었던 대칸 우구데이가 그의 왕좌에서 빈
   객(賓客)들을 맞이하고 있다.

하는 데에 이를 활용했다. 그의 또다른 군사령관들은 티베트로 향했고, 이에 따라 유력한 불교 승려였던 사꺄 빤디따(Sa-skya Pandita)가 우구데이의 진영으로 올 수밖에 없었다. 그러나 우구데이가 사망했을 때에 티베트는 여전히 몽골의 통제 바깥에 있었다.

더 먼 서쪽을 향한 몽골의 원정들은 특히 놀라운 것이었는데, 우구데이의 재위 기간에 이루어진 모든 원정들 중에서 가장 출중한 지도자들이 참여했기 때문이다. 칭기스 칸의 아들들이나 손자들이 원정에 참여했는데, 이는 2세대와 3세대에게 자신들의 기개를 시험할 기회를 제공했다. 러시아와 동유럽에 대한 원정 도중에 생긴 적대감과 연맹은 몽골 역사의 흐름을 형성했고, 부분적으로는 몽골제국의 쇠퇴와 붕괴를 야기했다. 이 원정은 왕자 가문들 사이에 도사린 불화를 드러냈는데, 전반적으로 우구데이와 차가다이 가문이 조치와 톨루이 가문에 대항하기 위해 협력했다. 이제 지휘권은 조치의 아들인 바투(Batu)의 수중에 있었지만, 우구데이의 장남인 구육(Güyüg)과 차가다이의 아들 부리(Büri), 그리고 톨루이의 장남 뭉케(Möngke)가 바투와 함께 원정을 떠났다. 칭기스 칸 가문 출신이 아닌 군사령관으로서 가장 저명한 사람은 수부테이(Sübötei)였는데, 그는 아마도 가장 유능한 군사 지도자였을 것이다. 자료들에 따르면, 연합군은 총 15만 명의 병사로 구성되었고 그 대다수가 투르크 민족들, 이란인, 그리고 다른 복속민들이었다. 이와 같은 진정한 다민족 군대는 훗날 '몽골' 군대의 특징이 되었다.

초기의 원정들은 아주 성공적이었다. 동방에서 온 침입자들은 볼가강과 카마강의 합류점에 근거지를 마련했던 불가르(Bulghar)족과 먼저 충돌했다. 이어 그들은 돈강 하류 지역에 있던 킵차크(Kipchak)족을 제압해서 서쪽의 헝가리로 내몰아버렸다. 몽골 군대는 이윽고 러시아를 향해 진군했다. 1237년의 원정에서 그들은 북쪽으로 시선을 돌렸는데, 무엇보다 장차 이루어질 원정을 위해 북쪽 방면을 보호하고자 했기 때문이다. 적들을 놀라게 한 전략은 다름 아닌 러시아의 혹독한 겨울에도 몽골이 전쟁을 기꺼이 수행한 것이었다. 매서운 추위로 거주하기가 힘든 지역들에서 나고 자란 몽골 병사들은 추위에 익숙했고, 그들의 말들도 비슷하게 단련되어 있었다. 몽골 군대는 기후 때문에 원정을 단념할 것이라고 예상하고 있던 러시아인들을 깜짝 놀라게 했다. 실제로 몽골족은 추운 환경을 활용했다. 얼어붙은 호수와 강 덕분에 말이나 장비를 쉽게 이동시킬 수 있었던 것이다.

1237년 12월에 바투는 볼가강을 건너 리아잔의 공작(公爵)에게 최후통첩을 보내면서 말과 귀중품의 10퍼센트를 요구했다. 이에 공작이 저항함에 따라 바투는 도시를 포위했다. 러시아의 다른 도시들은 리아잔을 돕지 않고 공격받기 쉬운 상태로 내버려두었다. 일주일 만에 바투의 군대는 리아잔을 제압하고 약탈했다. 석 달 후, 몽골 부대는 모스크바와 블라디미르-수즈달 일대를 장악하고 목제 건물들을 불태웠다. 건조한 기후인데다 강이나 호수도 대부분 얼음으로 덮여 있어 물이 부족했기 때문에 불길은 더욱 활활 타올랐다. 그후 그들은 노브고로드로 향했지만, 봄철의 해빙기가 가까워진 탓에 도로 사정이 극도로 나빠서 더이상 행군을 할 수 없었다. 그리하여 획득한 물자를 정리하며 한두 해를 보낸 다음, 주요 목표인 키예프를 향해 움직였다. 이 원정의 사령관이었던 뭉케는 항복을 요구하는 사절을 키예프로 파견했다. 이에 키예프 사람들은 사절을 죽이는 것으로 응대했는데, 이는 재앙을 불러오는 결정이었다. 사절을 죽인 것에 대한 응징으로 몽골족은 파괴적인 공격과 포위로 대응했고, 이는 1240년 12월 6일 키예프가 함락됨으로써 절정에 달했다. 이 지역에서 이루어진 최근의 발굴 작업은 당시 원정의 참혹함을 여실히 보여주었다. 특히나 안타까운 발견 중 하나는 난로 근처에 숨어 있다가 무너진 성벽에 묻혀버린 두 소녀의 시신이었다. 몽골 이전 시기에 유력한 도시였던 키예프는 심각하게 파괴되었고, 러시아는 그 역사에서 새로운 시대를 맞이하게 되었다.

키예프를 제압하면서 몽골족은 더 서쪽으로 원정에 나설

북해

발트 해

노브고로드

프로이센

폴란드
레그니차

비스툴라강

크라코프

키예프

드네프르강

신성로마제국

오스트리아

빈

무히

부다
페스트

크로아티아

헝가리

베네치아

라틴 제국

아드리아해

로마

불가리아

다뉴브강

흑

콘스탄티노플

니케아의
그리스 제국

니케아

지중해

4. 몽골의 러시아 · 동유럽 침입(1237~1242년)

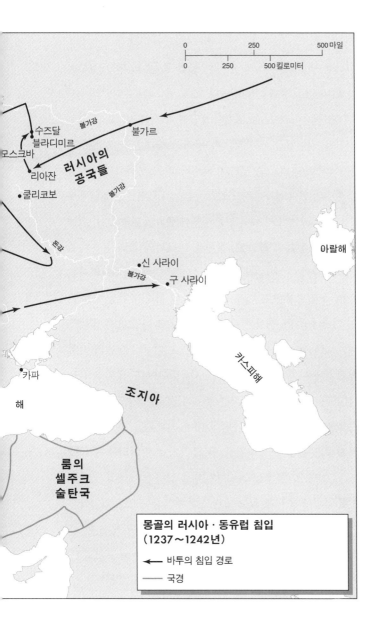

0   250   500 마일
0   250   500 킬로미터

수즈달
볼가강   불가르
블라디미르
모스크바   러시아의
리아잔   공국들
쿨리코보
볼가강

돈강

신 사라이
볼가강   구 사라이

아랄해

카파

카스피해

해   조지아

룸의
셀주크
술탄국

**몽골의 러시아 · 동유럽 침입
(1237~1242년)**

⟵ 바투의 침입 경로
ーー 국경

자신감을 얻었다. 당시의 또다른 상업 중심지였던 노브고로드는 이미 그들과 화평을 맺었다. 1240년, 노브고로드의 지도자인 알렉산데르(Alexander)는 침입해온 스웨덴인들과 튜턴 기사단을 얼어붙은 네바강에서 벌어진 중대한 전투에서 격파했고, 이로 인해 그는 넵스키(Nevsky)라는 또하나의 이름을 획득했다(소련의 영화감독 세르게이 예이젠시테인은 1938년에 영화 〈알렉산데르 넵스키〉에서 그를 불후의 존재로 만들었다). 그는 몽골족에 도전하지 않았고, 실제로 그들과의 교역을 허락했다. 남쪽에서는 1239년에 조지아, 아르메니아, 아제르바이잔이 몽골족에 항복했고, 이후 몽골은 초원 지대의 가장 서쪽 끝인 헝가리에 대한 원정을 구상했다. 헝가리는 그들의 말들을 먹이기 위한 목초지를 제공할 수 있었고, 더구나 그들의 적인 킵차크족에게 헝가리가 피난처를 제공한 사실도 빌미로 삼을 수 있었던 것이다. 생기가 도는 풀을 동물들이 양껏 뜯어먹게 함으로써 몽골족은 중부 유럽에 대한 지배권을 획득하고 더 나아가 서유럽을 위협하기 위한 근거지로 헝가리를 활용할 수도 있었다. 또한 몽골족은 헝가리로 향하는 그들의 군대를 북쪽에서 공격할 수도 있는 폴란드를 제압할 필요도 있었다.

이 원정의 주요 전략가였던 수부테이는 동유럽에 대한 두 갈래의 침략을 계획했다. 그는 자신의 군대를 다섯 부대로 나누었다. 두 부대는 폴란드를 공격할 준비를 했고, 다른 두 부대는 헝가리를 공격할 채비를 갖추었으며, 나머지 한 부대는 오늘날의 체코 공화국 지역으로 향할 준비를 했다. 이 다섯 부대는 모두 최후에는 헝가리 공격에 집중할 작정이었다. 몽골족의 침략이 임박하면서 그들의 놀라운 군사력을 의식한 헝가리의 왕 벨러 4세(Béla IV)는 교황과 유럽의 군주들에게 원조를 호소했다. 그러나 유럽인들은 분열되어 있었고, 특히 교황 그레고리 9세(Gregory the IX)와 신성로마제국 황제 프리드리히 2세(Frederick II, 재위 1220~1250)가 갈등상태에 놓여 있었다. 프리드리히가 교황의 정치적 권위에 도전했기 때문이다. 그런 상황에서 그레고리도 프리드리히도 피상적인 지원 이상의 무언가를 제공할 수 없었다. 자신들의 땅을 방어하고자 했던 폴란드의 지도자들로부터 지원을 받을 것을 제외하면, 벨러는 홀로 싸워야 했다.

몽골족은 힘의 절정에 도달한 것처럼 보였지만 그러한 겉모습은 사람들을 속이고 있는 것이었다. 서방 원정의 시작부터 내부의 적대감이 지도부를 괴롭혔다. 톨루이 아들들로부터 지원을 받은 바투 그리고 우구데이의 아들 구육의 지원을 받은 차가다이의 아들 부리가 주요 경쟁자였다. 자연스럽게 구육은 이 원정의 지휘를 맡은 바투에게 분노를 표했다. 이러한 갈등은 때때로 원정의 추진력을 약화시켰기 때문에, 우구데이는 이러한 갈등 사실을 접하고는 주요 왕자 지휘관들을 소환했다. 이에 바투는 자유롭게 행동할 수 있었고, 나아가 수부테이의 전략을 실행하고자 했다.

몽골의 한 부대는 신속하게 폴란드의 산도미르와 크라코프를 점령했고, 폴란드의 지도자인 실레시아의 헨리 공(Duke Henry of Silesia)이 대응을 하고 나섰다. 폴란드의 연대기 작가는 분명 거짓을 이야기하고 있는데, 침략해온 몽골 군대와 회동하기 위해 헨리가 성모 마리아 교회 앞을 지날 때에 교회 지붕에서 돌이 떨어졌고 이는 장차 닥칠 재앙의 징조였다는 것이다. 1241년 4월 9일, 헨리는 도시 레그니차 근처에서 몽골족과 마주쳤다. 양측은 비슷한 수효로 맞붙었는데, 각각은 대략 7천~8천 명의 병사들로 이루어져 있었다. 지형에 익숙하고 그 지역 사람들로부터 지원을 받은 점은 헨리에게 큰 이점이 될 수 있었지만, 실제 전투는 몽골족에 유리하게 전개되었다. 폴란드-독일 군대는 백병전을 예상했지만, 몽골족은 엄청난 양의 화살을 쏘아댔다. 갑옷을 갖추지 못한 병사들은 부상당하기 쉬웠다. 폴란드의 자료들은 몽골의 승리가 예언과 주술 때문이었다고 기록한다. 헨리 자신은 창에 찔려 말에서 떨어졌고, 순식간에 사로잡혀 결국 참수되었다. 또한 폴란드의 자료들에 따르면, 몽골족은 죽은 적들의 귀를 잘라 아홉 개의 큰 포대에 가득 채웠다. 이후 몽골족은 레그니차를 향해 진군했는데, 그곳 주민들은 항복하기를 거부한 채 완강하게 저항함으로써 침입자들이 철수하도록 만들었다. 훗날 몽골족은 1259~1260년, 1287~1288년에 내키지 않은 징벌적 원정에 나섰지만, 폴란드를 정복할 수는 없었다.

폴란드로부터의 위협을 제거한 바투는 동유럽 원정의 진정한 목표인 헝가리에 마침내 집중할 수 있었다. 1241년 4월 11일, 바투는 친히 군대를 이끌고 도시 무히에서 벨러에 대한 기습 공격을 감행했다. 벨러의 병사들은 크게 패했고, 벨러는 간신히 탈출할 수 있었다. 몽골 부대는 헝가리 왕을 달마티아까지 쫓아갔지만 생포하지는 못했다. 1241년 12월, 몽골족은 남서쪽으로 진군해서 페스트를 장악했고, 얼어붙은 다뉴브강을 건너 도시 부다를 점령하고 파괴했다.

몽골족이 헝가리의 대부분을 점령함에 따라 서유럽에 대한 공격도 불가피해진 것 같았다. 게다가 서방의 세속 및 종교 당국이 내분에 시달리고 있었기 때문에, 일치된 대응 전략을 짤 수가 없었다. 분열된 유럽은 곧 정복당할 것처럼 보였다. 그런데 몽골족은 동유럽에서 진군을 멈추었고, 실제로 철수하기 시작했다. 1242년 5월에 바투는 병사들을 이끌고 러시아로 돌아가서 볼가강 하류 지역의 사라이라는 곳에 자신의 수도를 건설했다. 바투가 돌연 철수하게 된 것은 아마도 말들을 먹이기 위한 목초지가 부족했기 때문이었을 것이다. 서유럽은 군마를 위한 초원을 넉넉히 제공하지 못했다. 바투의 동물들은 헝가리 초원에서 상당량의 풀을 소비했고, 그런 다음에는 초원이 회복되어 풀이 다시 무성해져야 했다. 또다른 철수 요인으로는 1241년 12월 11일에 대칸 우구데이가 사망한 사실을 들 수 있을 것이다. 우구데이의 죽음은 새로운 대칸을 선출하기 위해 몽골족 전래의 본거지에서 귀족들이 쿠릴타이를 소집해야 한다는 것을 의미했다. 2세대 몽골 지도자들 중에서 가장 연장자였던 바투는 이 논의에 참석해야 했다. 그러나 그는 몽골리아로 돌아가지 않았고, 선출 과정에서도 적극적으로 나서지 않았다. 그리고 다른 또하나의 요인으로는 몽골족이 이끈 병사들이 서방 원정에서 입은 부상으로 고통을 겪고 있었고, 더 진군하기 위한 인적·물적 자원이 바닥을 드러낸 점도 들 수 있을 것이다.

우구데이의 죽음은 몽골 침입자들의 분노로부터 서유럽을 구했다고 할 수 있지만, 그럼에도 불구하고 그의 치하에서 영토를 상당히 확장한 것은 분명한 사실이다. 몽골족은 양자강 이북에서 중국의 대부분을 장악했고, 고려와 만주에서 그들의 권한을 행사했으며, 아제르바이잔과 조지아, 아르메니아를 복속시키고 이란에도 처음으로 침입했다. 그들은 러시아의 대부분을 정복했고 헝가리와 폴란드에 대한 원정을 성공적으로 수행했다. 그들의 군사적 성공은 아시아와 유럽을 공포로 몰아넣었고, 세계에서 전례 없이 가장 거대하고 연속적인 육상제국이 창건되는 데에 기여했다.

제국의 통치

영토의 확장이 우구데이 통치 시기의 유일한 성취는 아니었다. 그는 북중국의 영토를 목초지로 바꾸어서 자신들에게 익숙한 경제 질서를 세우라는 몽골 보수주의자들의 지대한 압박을 극복해냈다. 대신에 대칸은 그의 광대한 영역을 지배하기 위한 제도를 창안하기 시작했다. 그러면서 유능한 관료인 야율초재를 등용했는데, 야율초재는 우구데이의 아버지 칭기스 칸에게도 봉사했고, 우구데이가 기초적인 행정 체계를 수립할 수 있도록 도왔다. 한동안 최고 대신이 되었던 야율초재는 중국의 농촌이 목초지로 바뀌는 사태를 막았다. 그는 농업의 진흥으로 얻는 세금이, 부적합한 땅에서 벌이는 유목으로 얻는 이득을 넘어설 것이라고 주장했다.

이후 그는 중국의 정주 문명에 필요한 조건에 맞추기 위해 몽골의 세금 제도를 개정했다. 농민들이 스스로의 재정적 의무를 측정하려면 기준이 필요하다는 것을 인식했던 그는 성인 남성들에게 거두는 인두세, 면적과 비옥도에 근거해서 거두는 토지에 대한 세금, 소와 농사 도구들의 수효로 산정하는 징발을 제안했다. 곡물보다 더 확실한 품목들에 대한 몽골족의 수요를 만족시키기 위해서 세금은 때때로 은과 비단으로 납부하도록 했다. 야율초재는 만약에 대칸이 이 제도를 시행한다면 상당한 양의 곡물, 은, 비단이 몽골족 수중에 들어오게 될 것이라고 단언했다. 마지막으로 그가 교역에 부과하도록 제안한 세금(몽골족은 이를 탐가(tamgha, 동물에게 찍는 낙인을 뜻하는 몽골어 단어로, 상품에 부과하는 상세商稅를 뜻하는 말로도 쓰였다―옮긴이)라고 불렀다)은 추가적인 수입을 보장했다. 1235년에 우구데이는 호구조사를 시행하라고 명령했고, 이는 원활한 징세를 유도하면서 병사 징발에도 활용할 수 있는 정보를 안겨주었다. 1236년에 제법 신빙성 있는 호구조사가 새로 복속시킨 북중국 지역에서 처음으로 시행되었는데, 이는 새로운 세입과 군사적 수요를 충족시켜주는 수단을 우구데이에게 제공했다. 우구데이는 곧이어 러시아와 동유럽에 대한 원정을 수행했기 때문에, 그의 통제하에 있는 자원들을 조사하자는 야율초재의 제안을 통한 회계는 필수적인 작업이었다.

그러나 야율초재는 자신의 징세 체계를 가동할 수 없는 상황에 이르렀다. 그는 정부 관료들로 충원된 징세관리국을 조직해야 한다고 제안했지만, 그의 반대자들은 우구데이의 원정과 건설 계획들에는 많은 비용이 들 것이라며 징세 청부 제도를 옹호했다. 이 제도 아래에서는 상인들과 중앙아시아 무슬림들 다수가 세금을 징수할 수 있는 자격을 누리게 되었다. 개별 사업가인 상인들의 주된 관심사는 이득을 최대화하는 데에 있었다. 수입의 증대를 바라고 있던 우구데이는 결국 대다수가 한인이었던 토착민들의 불만을 살 위험을 무릅쓰고 징세 청부 옹호자들의 손을 들어주었다.

게다가 행정 구조에 대한 야율초재의 제안들도 받아들여지지 않았다. 그는 일반적인 중국식 조직을 복원하려 했는데, 여기에는 유학 지식을 강조하는 전통적인 과거시험을 통해 선발된 관료들이 필요했다. 우구데이는 과거시험을 시행하는 것은 허락했지만, 대다수의 합격자들은 주로 조언자 역할을 하거나 혹은 중요하지 않은 관직에 임명되었다. 야율초재는 또 유학자들이 스스로 몽골 주군들을 교육하게 해달라고 우구데이를 설득했다. 우구데이는 이에 동의했지만, 몽골의 제왕(諸王)들과 귀족들 중 다수가 그러한 교육 과정에서 익힌 개념들을 이해하고 있었다고는 보기 어렵다. 지방의 행정 체계를 고안하겠다는 야율초재의 노력도 실패로 돌아갔다. 대신에 우구데이는 자신의 친척들과 귀족들의 생계를 위해 토지를 지급했는데, 이는 제국 전역의 지방 구역들을 그들이 통치하도록 허락한 것이었다. 우구데이는 또 원래는 무관(武官) 칭호였던 다루가치를, 새로 편입된 영토를 다스리는 행정가인 문관(文官) 칭호로 바꿔놓았다.

복속된 중국 인구의 편의를 도모하려 했던 야율초재의 시도는 일부 몽골족, 위구르 투르크인 정부 관료들, 그리고 무슬림 징세 청부업자와 상인들의 반발을 사기 시작했다. 결국 무슬림 징세 청부업자들과 동맹을 맺은 투르크인 관료들은 야율초재의 정부 내 영향력을 소멸시켰다.

야율초재와 투르크인 관료들은 협력적인 사업 중 하나로 칸에게 영구적인 도성을 건설하도록 설득했다. 이는 몽골족이 그저 약탈만 한 것이 아니라 행정 중심으로부터 실질적으로 통치를 하려 했다는 것을 의미한다. 우구데이는 자신의 수도가 들어설 자리로 옛 몽골 영역의 중심지였던 카라코룸을 선택했다. 도시를 둘러싸는 성벽과 망루를 짓도록 명령한 우구데이는 상대적으로 정교한 자신의 궁전도 가지게 되었는데 이는 중국인들에게는 만안궁(萬安宮)으로 알려졌다. 이 궁전은 성안에 지어졌고, 우구데이와 가까운 제왕들의 궁전들도 들어섰다. 초원에 이처럼 정교한 도시가 완벽하게 건설되기까지는 수십 년의 세월이 걸렸다. 카라코룸의 중심지로 향하는 남북 도로는 이 도시에서 교역이 가진 중요성을 알려준다. 우구데이의 백성들은 이 도시 안에 두 개의 모스크, 불교와 도교 사원, 네스토리우스 기독교 교회도 건립했다.

중국, 중앙아시아, 이란과 더 멀리 유럽에서 온 장인들은 사치품은 물론이고 생필품도 제조했다. 카라코룸의 민족적 다

5. 중국식으로 제작된 이 거북 상(像)은 몽골의 옛 수도인 카라코룸에 남아 있는 극
   히 드문 유물 중 하나다. 14세기에 중국 군대는 이 수도를 파괴했다.

양성은 중국식 지붕의 기와나 용마루 장식, 금팔찌와 도자기, 아랍 문자가 새겨진 은화(銀貨)와 기념비, 인도-네팔식 불교 조각, 프랑스인이 술이 나오도록 만든 은제 분수대의 발견을 통해 입증된다. 고고학자들은 최근에 인도-네팔, 중국, 티베트, 탕구트의 모티프로 장식된 벽화 파편들이 보이는 불교 사원 터를 발굴했는데, 이는 카라코룸 주민들의 민족적 다양성을 보여주는 또다른 증거다. 그들은 또 유리, 귀금속, 보석, 상아 조각품을 제작하는 구역과 금속(특히 구리)을 녹이는 용광로도 발굴했다. 몽골족에 파견된 프랑스 선교사인 기욤 드 뤼브룩(William of Rubruck)은 카라코룸에서 별다른 인상을 받지는 못하고 파리의 생드니 지역과 카라코룸을 비호의적인 눈으로 비교했지만, 카라코룸은 특히 초원에 위치한 도시로서는 가히 세계적인 곳이었다.

그런데 이 선교사는 카라코룸이 거대한 제국의 수도로서는 그리 이상적인 입지가 아니었다고 인식했는데, 이는 그가 다소 선지자적인 시각을 가지고 있었음을 입증한 셈이었다. 이 도시와 그 주변 지역은 점차 증가하는 인구를 고려하면 기본적인 식량을 제공할 수가 없었다. 주민들은 물 관리에도 상당한 노력을 기울였다. 카라코룸은 오르콘강 근처에 위치했지만, 늘어나는 인구 때문에 이 도시는 물 공급에 엄청난 부담을 안고 있었던 것이다. 게다가 카라코룸은 주요 교역로 상에 위치한 것도 아니고, 경작할 수 있는 땅도 거의 없고, 원자재의 주요 공급지와 가깝지도 않은 완전히 인공적인 도시였다. 이 도시는 우구데이의 영역 중 핵심적인 경제 중심지들로부터도 거리가 멀었다. 제국의 한쪽 구석에 상대적으로 고립된 이런 지역보다는 중국이나 중앙아시아, 러시아가 좀더 비옥했다. 기욤 드 뤼브룩은 이 도시에 물자를 공급하려고 매일 400대의 수레가 도착했는데, 이는 고비용의 비효율적인 체계였다고 기록하고 있다. 카라코룸의 입지여건은 몽골제국으로서도 골칫거리였던 것이다. 몽골족은 카라코룸이 그들의 본거지에 대한 애착을 상징했기 때문에 이곳을 선택했지만, 점점 더 많은 관료가 필요해진 성장하는 제국의 수도로서는 너무 부적합했다. 대칸이 좀더 유지 가능한 지역으로 수도를 옮길 때까지는 30년이라는 시간이 더 걸렸다.

두 여성과 대칸국

우구데이의 재위 시기에 몽골족은 중요한 발전을 이루었지만, 그들을 괴롭히게 될 문제점들도 드러냈다. 몽골족은 세금 제도를 창안했고 통치 제도를 수립하기 시작했으며 수도를 건설했는데, 이 모두는 그들이 복속시킨 지역을 통치하기 위해 필요한 일이었다. 이러한 일들은 칭기스 칸 가문의 3세대가 다양한 민족으로 구성된 영역을 지배하려는 노력들에 견고한 토대를 제공했다.

그러나 몽골족의 문제점들이 나타날 하나의 뚜렷한 징조는 1241년 우구데이의 죽음과 그의 계승자가 즉위하기까지 5년간 공위(空位) 상태가 이어진 사실이다. 아버지와 달리 우구데이는 후계자를 선택하지 않았고, 이로 인해 칭기스 칸 가문에서 가장 공적이 뛰어난 지도자를 선출하기 위한 몽골 귀족들의 모임이 이루어질 수 있었다. 우구데이의 후예들이 분명 유리한 편이었는데, 특히 우구데이의 형 차가다이나 조치 가문과 그 후예들은 각각 중앙아시아와 러시아에 대한 지속적인 통제권을 이미 확보하고 있었다. 말자 상속의 원칙에 근거한다면, 우구데이의 막냇동생인 톨루이의 후예들이 대칸의 지위에 오를 수 있는 정당한 자격을 가지고 있었다. 톨루이의 미망인인 소르각타니 베키(Sorghaghtani Beki)는 왕좌에 자기 아들들 중 한 명을 올려놓을 작정이었다. 칭기스 칸은 옹 칸을 패배시킨 후에 그녀를 사로잡아 자기 아들과 혼인을 시켰었다.

몽골제국 안팎의 외국인들은 소르각타니 베키가 특별한 능력을 지녔다고 칭송했다. 예컨대, 이란의 역사가인 라시드 앗딘은 그녀가 세계에서 가장 영리하고 유능한 여성이라고 주장했다. 젊었을 때 사망한 톨루이와 결혼하면서 그녀는 우구데이가 그녀에게 떼어준 북중국 영역으로 관심을 돌렸다. 그녀는 대부분의 농경지를 황폐화시키고 그 지역의 자원을 약탈하는 것은 손해가 막심한 정책임을 인식했다. 그녀는 몽골식의 유목 경제를 강요하기보다는 전래의 농경 경제를 부양하면 세입이 증가할 것이라고 내다봤다.

소르각타니 베키는 그 밖의 정책들에서도 비슷한 선견지명을 보여주었다. 예컨대, 그녀는 비록 독실한 네스토리우스 기독교 신자였지만 자신이 다스리는 북중국 중국인들의 환심을 사기 위해 불교와 도교 등 중국의 주요 종교들에 대해서도 지원의 손길을 건넸다. 이란의 역사가들도 그녀가 가난한 무슬림들에게 기꺼이 자선을 베풀고 그 지도자들에게 포상을 내렸으며, 모스크와 마드라사(madrassah, 종교 학교)를 짓기 위한 자금을 기증했다고 기록했다. 그녀는 자신이 원만하게 통치를 해나가려면 성직자들로부터의 지지가 필요하다고 생각했다. 이에 못지않게 중요한 점은 그녀가 네 아들의 훈육을 직접 관리했다는 것인데, 그녀는 모든 아들들에게 큰 야심을 품고 있었던 것이다.

아키텐의 엘레오노르(Eleanor of Aquitaine)가 그랬던 것처럼, 소르각타니 베키는 네 아들을 군주로 길러냈다. 그녀는 아들들이 먼저 몽골의 전통적인 관습과 규범을 익히고 이를 따라야 한다고 생각했다. 네 아들 모두는 말을 타고 활을 쏘는 법을 배웠고, 사냥에서 큰 즐거움을 찾았다. 그들의 삶에서 사냥은 줄곧 중요한 요소였다. 게다가 소르각타니는 아들들이 글을 읽고 쓸 줄 알아야 한다고 생각하고, 아들 쿠빌라이를 가르칠 톨로추(Tolochu)라는 이름의 위구르족을 채용하기도 했다. 그녀는 또 아들들을 훈육하고 정주 세계의 사무들을 접하게 하려는 취지에서 다양한 민족들로부터 조언자 집단을 찾으려 했다. 이에 힘입어, 그녀의 아들들은 지도자가 될 소양을 잘 갖추고 있었던 것이다.

한편, 우구데이의 미망인인 투레게네(Töregene)는 계승을 향한 길을 방해했다. 그녀와 소르각타니 베키에게는 자기 아들들 중 한 명이 대칸이 되어야 한다고 주장할 만한 정당한 자격이 있었다. 투레게네는 남편이 대칸이었기 때문에 부자 계승을 주장할 수 있었던 반면, 칭기스 칸의 막내아들인 톨루이의 미망인인 소르각타니는 몽골의 전통적인 말자 상속의 관습에 따라 톨루이가 대칸으로 선출되었어야 했다고 보았다. 이제 톨루이의 자식들이 아버지가 가졌던 자격에 근거해서 계승 경쟁에 뛰어들었다. 투레게네는 아들 구육을 왕좌에 올려놓고자 했고, 반면에 소르각타니는 장남 뭉케를 즉위시키기로 작정했다. 처음에는 우구데이의 미망인이 우세를 보였는데, 무엇보다 그녀의 남편이 대칸이었기 때문이다. 대칸의 미망인이라는 위상을 살린 그녀는 러시아 원정에 동참했던 구육이 대칸 칭호를 취할 준비가 될 때까지 4년 동안 섭정의 지위를 맡았다.

1240년대에 대칸국에서 벌어진 분쟁은 통치에 대한 두 가지 개념 사이의 갈등을 반영하고 있었다. 투레게네는 몽골의 전통적인 관습을 대변했고, 정복한 지역들을 착취하는 데에만 관심을 보였다. 또한 자신과 몽골족들을 부유하게 만들고자 했고, 얼마 전에 복속시킨 정주민들을 통치하기 위한 새로운 제도도 마련하지 않고 몽골 군사령관들에게 일정한 영역을 떼어주었다. 반면에 소르각타니 베키는 성공을 위해 대다수가 한인 농민이었던 백성들과 조화를 이루고자 하면서 한인들의 제도를 기꺼이 활용했다. 이와 같은 갈등은 1243년에 몽골족이 아나톨리아를 처음으로 침입하여 셀주크 투르크족(Seljuk Turks)을 패배시킨 것을 제외하면, 몽골족의 군사 원정을 가로막았다.

결국 투레게네의 뜻대로 일이 성사되었고, 그녀의 아들 구육이 1246년에 대칸의 자리에 올랐다. 몽골 영역의 모든 방면에서 온 4천 명 이상의 사절들은 물론이고, 유럽의 교황이 보낸 플라노 카르피니의 요한(John of Plano Carpini)이라는 이름의 사절도 즉위식에 참석했다. 구육은 권력을 장악하자마자 자기 어머니 쪽 인사들을 대부분 숙청했는데, 특히 무슬림 측근들 다수를 고문하고 처형했다. 대신에 그는 자신의 광대한 영역을 통치하는 데에 도움을 받기 위해 네스토리우스 기독교에 의지했다. 아버지와 달리 그는 수도 카라코룸이 아니라 초원에 자신의 거주지를 세웠다. 이 조치는 전통적인 가치를 신봉한 몽골족과, 복속시킨 백성들을 통치하기 위해 그들의 정주 사회에 적응할 필요가 있다고 인식했던 몽골족 사이의 불화가 시작되었음을 알리는 것이었고, 이 갈등은 장차 몽골족을 약화시키게 되었다.

구육의 통치 시기에 대칸과 유럽인들 사이에 처음으로 직접적인 접촉이 이루어졌다. 유럽의 몇몇 군주들과 교황은 헝가리 전역을 휩쓸었던 몽골의 기세를 의식하면서, 몽골의 추가적인 진격 가능성을 제거하고자 했다. 또한 유럽인들은 한때 몽골족을 통치한 것으로 추정되는 프레스터 존(Prester John)이라는 이름의 관대하면서도 아량이 있는 기독교 군주 신화에 현혹되어 있었다. 유럽인들 스스로는 분열되어 있었고 신성로마제국 황제와 교황 역시 서로 적대적이었음에도 불구하고, 1245년에 리옹에서 소집된 기독교 공의회에서 교황과 세속 지도자들은 몽골족에게 사절을 파견하기로 결정했다. 프란체스코회 수도사인 플라노 카르피니의 요한이 이 사절단을 이끌었고, 몽골족에게 서방에 대한 군사 원정을 단념하도록 요구하는 한편 기독교로 개종할 것을 촉구하는 교황의 두 서신을 전달했다. 이에 격노한 구육은 그 응답으로 유럽의 군주들과 교황에게 몽골족에 항복할 것을 요구했다. 이 외교적 만남에서는 어느 쪽도 성과를 얻지 못했다.

그사이에 몽골의 황실 가문에서 끓어오르던 긴장이 마침내 폭발했다. 사촌인 바투(러시아에 있던 킵차크 칸국의 칸)와 오랜 세월 동안 다투어온 구육은 1247년에 좀더 건강에 이로운 기후 지역을 찾아 나선다는 구실로 바투의 진영을 공격하기 위해 출정했다. 구육의 의도를 알아챈 소르각타니 베키는 러시아를 다스리는 지도자에게 환심을 살 수 있는 기회를 포착하고 바투에게도 주의를 주었는데, 이는 그녀 자신이 처형될 수도 있는 위험한 행동이었다. 그녀로서는 다행스럽게도 구육이 도중에 사망했고, 이로써 그녀는 바투의 귀중한 동맹자가 되어 그를 자기편으로 끌어들였다.

툴루이 가문과 우구데이 가문(중앙아시아의 차가다이 칸국은 우구데이 가문을 지지했다)은 이제 칭기스 칸의 후손들 사이에서 빚어질 최초의 폭력적인 대립 속에서 왕좌를 차지하기 위해 공식적으로 경쟁했다. 양쪽은 곧 새로운 지도자를 선출하기 위한 쿠릴타이에 참석할 몽골 귀족들의 지지를 얻기 위해 분주했다. 몇 년에 걸쳐 소르각타니 베키는 귀족들에게 선물과 특권을 제공하며 그들의 환심을 샀고, 바투로부터 영원한 지원도 확보했다. 1251년 2월, 몽골 귀족들은 그녀의 노력에 보답하여 소르각타니의 아들인 뭉케를 대칸에 즉위시켰다. 소르각타니 베키는 자신의 승리를 마음껏 누릴 정도로 오래 살았지만, 그러한 노력으로 개인적 이득을 챙길 수 있을 만큼 오래 살지는 못했다. 1252년 첫째 달(2월 12일~3월 11일)에 그녀는 쓰러졌다. 그녀는 네 아들인 뭉케, 쿠빌라이, 훌레구(Hülegü), 아릭 부케(Arigh Böke)에게 정주 문명을 지배하기 위해 필요한 교육을 제공했다. 소르각타니는 아들들의 배우자 선택도 거들었는데, 그 배우자들은 대체로 영리하여 큰 힘이 되었다. 그리고 종교적 관용을 보이는 일에서도 소르각타니가 도움이 되었다. 이는 장차 몽골의 영역에 거주하는 다양한 민족들을 훌륭히 통치하는 데에 일조하게 되었다. 이 아들들은 모친에 대한 감사를 표하기 위해 대도(大都, 몽골의 최종적인 수도의 명칭으로 오늘날의 북경이다)와 그녀의 초기 영역에 있던 진정부(眞定府, 오늘날의 중국 하북성河北省 정정현正定縣에 위치하고 있었다─옮긴이)에 수많은 기념비를 세웠다. 1335년에는 북중국의 감주(甘州)에 있던 네스토리우스 기독교 교회에 그녀의 초상이 걸렸지만, 나중에 파손되었거나 혹은 누군가가 훔쳐간 탓에 이 훌륭한 여성의 초상은 남아 있지 않다.

톨루이 가문이 등장하다

뭉케가 대칸이 되었지만, 그의 반대자들은 자신들의 권한을 포기하지 않았다. 피를 부르는 갈등이 일어났으며, 이는 투옥과 숙청 및 살해를 야기했다. 이러한 싸움들은 통일된 몽골 제국의 종말을 상징했다. 몽골족에 복속된 다양한 지역들은 장차 자치적이면서 때때로 적대하는 국가들로 분열되기 시작했다. 오늘날 이용할 수 있는 주된 자료들(몽골 제국의 역사를 기록한 중국의 공식적인 역사서와 라시드 앗 딘의 세계사)은 이 분쟁에서 이긴 쪽을 대변했기 때문에 이 사건들을 공정하게 재구성하기란 쉽지 않다. 이 기록들은 몽케의 상대편들을 사적인 이득에 사로잡힌 불충한 음모가들이었다고 묘사한다.

이런 불충에 대한 몽케의 보복은 신속하면서도 끔찍하게 이루어졌다. 그의 관료들은 구육의 미망인을 펠트에 둘둘 말아서 물에 빠뜨렸다. 몽케의 사촌들 중 두 사람은 참수되었다. 결국 우구데이의 후손들 대다수와 그 지지자들이 처형당했는데, 이는 칭기스 칸 가문에서 최초로 벌어진 실질적인 분열이었다. 놀랍게도 우구데이는 조카 몽케에게 큰 도움이 된 사람이었다. 우구데이는 몽케의 본처를 간택할 때에도 도움을 주었고, 조카를 서방 원정에 가담할 수 있도록 특별히 선택하기도 했다. 그러나 몽케는 권력을 잡기 위해 후원자들의 친척에게 등을 돌렸고, 이로써 대칸의 몸가짐을 가르쳤던 어머니의 야망을 실현했다.

몽케의 정책들은 다양한 측면에서 초기 몽골 지도자들의 정책들을 본받은 것이었다. 그 자신은 샤머니즘을 줄곧 신봉했던 것으로 보이지만, 선조들이 그랬던 것처럼 그의 영역에서는 종교에 대해 관용적이었다. 그리고 그의 큰아버지 우구데이가 그랬던 것처럼 외부로도 문호를 열어 조언자들과 관료들을 널리 등용했다. 1252년에 그는 영역 전체의 호구조사를 시행하도록 서기에게 명령했다. 이후 수년에 걸친 또다른 호구조사도 지시했다. 이러한 호구 등록이 완료되자 그는 충분한 세입을 확보할 세금 체계를 발전시키기 시작했는데, 이는 이전 칸들이 시행했던 번거로우면서도 변덕스러운 것이 아니라 규칙적인 것이었다. 이런 안정적이면서 고정된 세금은 특히 개개 농민들의 부담을 줄여주었다. 뭉케는 또 몽골 귀족들에 의한 가혹한 세금 부과를 금지했고, 오직 조정에서 군역과 세금 및 요역을 부과하도록 지시했다. 호구 등록은 영토 확장을 위한 그의 새로운 원정 계획에 의해 더욱 촉진되었다. 적절한 자원을 갖춘 상태에서 그의 병사들은 멀리 떨어진 러시아와 동유럽에 대한 원정에 대비했다. 이러한 호구조사는 남성들의 군역이나 강제 노역의 부과(특히 여러 부대들에 서신을 신속하게 전하는 역참 관리자들을 확보하는 것), 원정을 위한 자금 조달이 손쉽게 이루어지도록 만들었다. 마침내 뭉케는 칭기스 칸의 다른 가문들에게 그들의 영역에서 거둔 세금을 보낼 것과 군사 원정을 위한 병사들을 제공할 것을 요구함으로써 분열을 막고자 했지만, 이 목표는 달성하기 어렵다는 것이 드러났다. 그의 세 동생들은 이에 마지못해서 따랐지만, 그의 다른 친척들은 그의 명령을 이행하지 않았다. 비록 대규모 내전이 뭉케의 통치기간에 벌어지지는 않았지만 말이다.

상대적으로 평온했던 상황 속에서 뭉케는 몽골족의 특색이 되었던 대외확장을 추진할 수 있었다. 그는 동생들에게 각각의 주요 임무를 할당했는데, 훌레구는 서아시아를 정복하게 하고 쿠빌라이는 중국의 남송 제국에 대한 원정에 참여하게 했다. 뭉케는 동생들에게 불필요한 폭력과 파괴는 피하라고 지시했다. 정복된 민족을 절멸시키고 경제를 파괴하는 것이 불합리한 정책이라는 점을 그는 모친에게 배웠다. 그리하여 몽골족은 번영하는 경제로부터 더 많은 세금을 징수할 수 있었던 것이다.

대칸 뭉케가 동생 훌레구에게 서아시아를 공격하라고 명령했을 때, 그는 중앙아시아와 러시아의 몽골 지도자들이 위협 요소라고 인식할 수도 있었던 점령, 통제, 그리고 새로운 정부의 수립을 의도했던 것일까? 또 훌레구는 단순히 이란을 포함한 서쪽 지역을 복속시키고 동아시아로 복귀하라는 명령을 받았던 것일까? 실제로 훌레구는 이후 자신의 칸국을 출범시켰고, 이로써 러시아와 중앙아시아에 있던 몽골 칸국들과 갈등을 빚게 되었다. 킵차크 칸국과 차가다이 칸국의 통치자들은 이란과 중동의 다른 지역들을 포함해서 중국의 서쪽 일대에 대한 관할권을 칭기스 칸이 자신들에게 넘겨준 것이라고 믿었다. 이렇듯 서로 다른 인식은 여러 몽골 칸국들 사이의 분쟁을 초래했고, 그러한 사태는 장차 몽골의 영역을 와해시키게 되었다.

훌레구의 원정은 그가 서아시아에 새로운 칸국을 세우는 것을 뭉케로부터 허락받았음을 시사한다. 첫째로, 그는 준비 과정에서 신중을 기했다. 더디게 진군하면서 정보와 병참에 상당히 주목했던 것은 그가 원정을 단순히 치고 빠지는 침략으로 인식하지 않았음을 보여준다. 이렇게 정교한 기초 작업은 그가 정복 지역을 약탈하는 선에서 그치는 것이 아니라 점령할 의도를 가지고 있었음을 뒷받침한다. 둘째로, 투르크인과 이란인을 병사로 선발하기 위해 들인 노력은 훌레구가 단지 서아시아를 파괴하고 동아시아로 철수하려 했던 것은 아님을 추가적으로 보여준다. 전반적인 파괴라는 목표는 자신의 다민족 군대로부터 지지를 받지 못할 것임을 그는 잘 알고 있었을 것이다. 셋째로, 자신의 군대가 서쪽으로 이동할 때와 이란 및 중동의 일부를 장악하고 난 후에 훌레구는 현지 주민들의 도움을 받아 다리와 도로를 건설했는데, 이는 그가 점령 지역을 모조리 약탈하지 않고 새롭게 정비하고자 했음을 보여준다. 물론, 이러한 정비는 군대가 서쪽으로 진군하는 것을 쉽게 만들었다. 그러나 훌레구는 점령 지역의 안정화를 이룬

후에도 건물의 수리나 신축을 거듭 명령했다.

뭉케의 지시를 염두에 둔 훌레구는 중동 원정의 공성전에 투입할 기병과 중국인 기술자나 여타 전문가들을 준비시켰다. 느슨함 혹은 애처로움에 대한 비난을 무시해가면서 그는 병사들을 훈련시키고 적들에 대한 정보를 수집하고 인력과 동물들을 위한 보급선을 확보하는 데에 상당한 노력을 기울였다. 자기 아내가 독실한 네스토리우스 기독교 신자였기 때문에, 이동하는 도중에 기독교도들의 지원도 받고자 했다. 카라코룸을 방문하고 돌아온 직후에 귀중한 여행 일기를 남긴 소(小)아르메니아의 왕 헤툼 1세(Het'um I)는 기독교에 대한 몽골족의 헌신에 감명을 받고는 원정을 위한 보조 부대를 파견했다. 사실 훌레구는 기독교도가 되지 않았고, 대신에 특정한 정치적 목표를 추구했다. 그는 몽골이 통제하는 영역을 확장하고자 했을 뿐, 그의 원정이 이슬람교에 맞서는 십자군은 아니었다. 그럼에도 불구하고 헤툼 1세는 사위인 안티오키아의 보에몽 6세(Bohemond VI)에게 동방에서 온 침입자들을 도우라고 지시했다.

훌레구의 첫 원정은 시아파 이슬람교의 니자리 이스마일리(Nizari Ismaili) 일파를 겨냥했는데, 이들은 암살자단이라고도 잘못 알려져 있다. 무함마드의 사위인 알리(Ali)의 혈통임을 주장했던 이스마일리파는 동부 이란의 일부 지역을 점령했고, 카스피해 남쪽의 엘부르즈산맥에 있는 알라무트(Alamut) 성채에 견고한 근거지를 건설했다. 이곳에서 그들은 순니파 적들과 바그다드에 있는 압바스 칼리프조의 공격을 막아냈다. 은밀함과 폭력에 대한 지원 탓에 이들은 서아시아와 중앙아시아 사람들 대다수로부터 외면당하면서 엄청난 저항에 부닥치게 되었다. 상대적으로 규모가 작았던 이스마일리파는 때때로 적의 지도자들을 암살하는 수단에 의존했다. 자폭 임무를 수행하는 구성원들은 천국에 들어갈 수 있다고 선언했던 그들의 지도자는 아시아에서 부정적인 이미지로 각인되었다. 훌레구가 알라무트에 도착했을 때, 이스마일리파는 지원을 받을 수 없었고 받지도 않았다. 사실 이란의 역사가인 주바이니는 이스마일리파를 공격했던 것에 대해서 훌레구와 몽골족을 칭송했다. 주바이니는 비록 이스마일리파의 도서관이 지닌 가치를 인정하고 이를 구하는 데에 협조하기도 했지만, 그는 여전히 이스마일리파에 대한 일반적인 적대감을 드러냈던 것이다. 1256년에 몽골 병사들은 돌로 된 탄환, 원시적인 형태의 불화살이나 폭발 장치를 가지고 겉으로는 난공불락이었던 이스마일리파의 성채를 공격하여 마침내 그 수비를 무너뜨렸으며, 그 일파의 지도자인 루큰 앗 딘(Rukn al-Din)의 항복을 받아냈다. 이슬람 쪽 자료들에 따르면, 훌레구는 이스마일리파를 상대로 끔찍한 대가를 받아냈다. 많은 사람이 학살되었고, 루큰 앗 딘과 그의 가족이 몰살당했다.

이와 비슷하게 이란과 서아시아의 대부분을 지배하면서 점차 쇠퇴하고 있던 압바스조 치하의 많은 사람들은 바그다드의 칼리프에게 등을 돌렸다. 무엇보다도 그들이 정치적인 억압과 부패를 알아차렸기 때문이다. 아마도 그들이 훌레구를 구세주로 여기고 그를 왕으로 환영했다는 것은 너무 과장된 이야기이겠지만, 압바스조에 대한 불만이 다수의 투르크족, 이란인, 아랍인이 훌레구 편으로 들어가 그의 정복을 다소 쉽게 만들어준 것은 분명하다.

압바스조의 수도인 바그다드에도 똑같은 운명이 들이닥쳤다. 750년경부터 유력한 이슬람 왕조였던 압바스 칼리프조는 하룬 알 라시드(Harun al-Rashid) 시기에 정점에 달한 이후로 급격히 쇠퇴하면서 동방에서 온 침입자들에 항거할 수가 없었다. 몽골의 침입자들은 칼리프조 내에서 아랍인의 우위를 뒤집고자 원했던 이란인들로부터 상당한 지원을 받았다. 이란의 전문가들은 성문을 따라 투석기나 여타 공성 무기들을 배치하는 것을 도왔다. 1258년 초, 바그다드는 열흘간 벌어진 전투 끝에 항복했고 약탈을 당했으며, 압바스의 칼리프는 살해되었다. 몇몇 자료들은 칼리프의 최후에 대해 서로 다르게 기록하고 있다. 한 자료는 그가 금으로 둘러싸인 감옥에 갇혀서 굶어죽었다고 전한다. 또다른 자료는 몽골족이 금을 녹인 물을 그의 목구멍에 부었다고 전한다. 가장 그럴듯한 시나리오는 칼리프가 펠트로 된 양탄자에 둘둘 말린 채 몽골의 말들에 짓밟혔다는 것인데, 피가 흐르지 않게 하는 이런 방식은 몽골족이 적의 지도자들을 처형할 때 흔히 사용한 "명예로운" 처형법이었다.

　도시는 부분적으로 파괴되었다. 한 자료는 사망자가 80만 명에 달했다고 기록했고 또다른 자료는 200만 명이라고 했지만 이는 분명 과장된 수치일 것이다. 다른 자료는 훌레구에게 항복한 1만 2천 명의 귀는 물론이고, 항복 이후 비무장 민간인들에게 가해진 대학살도 언급하고 있다. 또한 임시로나마 묘지를 조성할 공간이 부족하고 또 시신을 수습할 남성들이 부족해서 한동안은 시신들이 방치되었다고도 기록하고 있다. 따뜻한 계절이 되면서 썩은 시신들이 풍기는 악취가 온 도시를 뒤덮었다고 한다. 콜레라 전염병이 바그다드 주민들과 몽골의 침입자 모두에게 전파되었고, 이는 원정 기간에 손실을 입은 요인이 되었다. 그러나 10년도 지나지 않아서 여행자들은 바그다드를 거대한 상업 중심지로 묘사했고, 이는 몽골이 도시를 모조리 파괴했다는 기록들에 대한 비판을 불러일으키고 있다. 몽골족은 잔인했지만 자멸적이지는 않았다. 그들은 수입의 중요한 원천이 될 수 있는 지역까지 모두 파괴하지는 않았다.

6. 훌레구 칸의 바그다드 공격은 도시 제압에 강력한 공성 무기들이 필요했음을 보여
준다. 이러한 공성전은 몽골족이 기병뿐 아니라 정교한 무기들에 점점 더 의존했
음을 드러낸다.

한편, 훌레구가 바그다드를 함락시키고 서쪽으로 계속 진군하자 러시아와 중앙아시아의 몽골 지도자들은 그가 서방에 계속 머무를 것이라고 확신했고, 이로 인해 몽골 세계에는 불화가 싹트게 되었다. 반면에 몽골족이 칼리프를 제거하면서 이슬람 세계에 큰 타격을 가함에 따라, 동방에서 온 정복자들과 유럽인들이 서로 더 나은 관계를 맺을 수 있으리라는 희망이 살아났다. 십자군의 무슬림 적들 중 하나인 칼리프가 몽골족에게 치명적인 타격을 입었기 때문이다. 그러나 초기의 접촉들은 성공적이지 못했다. 프랑스의 왕 루이 9세(Louis IX)가 파견한 비공식 사절이었던 프란체스코회 수도사 기욤 드 뤼브룩은 우호적인 관계를 강화하는 것은 물론이고 가급적 더 많은 정보를 수집하기 위해 1253년에 몽골리아로 갔다. 그는 몽골족에 대해 많은 것들을 파악하는 데에 성공했고, 그들에 관한 가장 훌륭한 기록들 중 하나를 남겼다. 하지만 플라노 카르피니의 요한처럼 그는 좀더 우호적인 관계를 다지는 또다른 임무는 완수하지 못했다. 뭉케는 몽골의 세계 지배에 대한 권한을 적시한 서신을 기욤에게 건네면서, 복속국의 지위 수용을 입증하기 위한 공식 사절을 보내도록 프랑스 국왕에게 요구했다.

그럼에도 불구하고 이스마일리파와 압바스조에 대한 훌레구의 원정은 성지(聖地)를 여전히 장악하고 있던 무슬림에 대항해서 몽골과 연맹을 맺을 수 있으리라는 유럽인들의 희망을 불러일으켰다. 교황은 물론이고 유럽의 몇몇 군주들은 기독교에서 중요하게 여기는 장소들을 되찾기 위한 별도의 십자군을 지속적으로 계획했다. 그들은 이집트에 근거를 두고 새롭게 등장한 투르크 왕조인 맘루크조라는 강력한 장애물에 직면했고, 이 이슬람 세력에 대항하기 위해 몽골족과 협력하기를 바랐다. 그러나 바그다드에서 훌레구가 승리를 거둔 지 1년 만에 몽골 세계는 또다른 계승 위기로 빠져들었다. 몽골 역사의 이 전환점은 대칸과 그의 두 동생인 쿠빌라이와 아릭 부케의 관계로 인해 형성되었다.

제 4 장

몽골족과 세계 1

몽케의 통치 시기가 끝나고 1260년에 쿠빌라이가 대칸의 자리에 올랐을 때, 몽골족은 동서로 고려에서부터 이라크와 러시아에 걸친 광범한 제국을 형성했다. 이 모든 지역들의 칸들은 자신들이 복속시킨 영역을 파괴하거나 물품들을 강탈하기보다는 통치에 임하고자 했다. 이와 같은 다양한 지역들은 네 개의 칸국(때로는 서로 전쟁을 벌였다)으로 분열되었지만, 그들 사이의 소통과 교역은 지속되었다. 몽골족의 원래 본거지와 북중국 및 고려가 하나의 칸국을 구성했고, 중앙아시아와 러시아 및 서아시아가 나머지 세 개에 해당했다. 네 칸국은 몇몇 정책들을 공유했지만, 각각은 또 백성들이 지니고 있던 전래의 관습과 정부 기구들을 받아들이고 그에 적응했다.

  여러 차이점과 갈등에도 불구하고, 이 칸국들은 아시아의 대부분을 통제했고 대륙의 지역들 사이의 경제적·기술적·예술적 관계를 육성했다. 일부 여행가들은 몽골 시기가 모름지기 세계사의 시작이었다는 관점에 신빙성을 부여하고 있다. 그러한 여행가들 중 다수는 그들이 방문했던 유라시아 지역들에 대한 귀중한 기록들을 남겼다. 그중에서 가장 유명한 사람은 마르코 폴로(Marco Polo)이지만, 그 밖에 무슬림 법학자 이븐 바투타(Ibn Battuta), 네스토리우스 기독교도 랍반 사우마(Rabban Sauma), 아르메니아의 왕 헤툼, 프란체스코회 수도사 플라노 카르피니의 요한과 기욤 드 뤼브룩, 그리고 중국의 유학자 주달관(周達觀) 등이 앙코르 와트에서부터 항주(杭州), 타브리즈, 파리에 이르는 장소들을 서술했다. 이들은 수 세기에 걸친 쇠퇴 이후에 몽골족이 되살린, 내륙을 기반으로 한 전통적인 실크로드를 따라 여행했고, 또 서아시아와 남아시아 및 동남아시아로부터 남중국의 항구들로 이어지는 바닷길로도 왕래했다.

쿠빌라이 칸의 생애 초기

  쿠빌라이 칸은 일부 몽골족들 사이에 널리 퍼지기 시작했던 세계주의와 가장 자주 연관되는 통치자이다. 동생 훌레구가 몽골이 통제하는 영토를 서아시아로 확장하는 동안에 쿠빌라이는 동아시아에서 스스로의 권한을 확립했다. 할아버지 칭기스 칸과 함께 사냥에 나섰던 그가 처음으로 동물을 죽인 것에 대한 얼핏 진부한 서술을 제외하면, 그의 유년시절에 대해 알 수 있는 것은 거의 없다. 1240년대에 쿠빌라이는 자신의 영역으로 받았던 북중국의 영토를 통치하는 일에 집중했다. 중국인, 무슬림, 몽골족, 티베트인 참모들과 관료들이 이 지역을 통치하는 데에 도움을 주었다. 어머니 소르각타니 베키처럼, 그는 중국을 안정적으로 통치하려면 중국의 제도와 관습을 수용할 필요가 있다는 사실을 점차 깨닫게 되었다. 그래서 그는 중국인에게 유목 경제를 강요하지 않으면서 관개(灌漑) 공사를 시작하고 개선된 농기구들과 씨앗을 제공하면서 농업 경제를 육성했다. 또한 농민들을 위한 정규적이면서도 안정적인 세금 제도를 수립하도록 관료들에게 지시했다. 1252년 7월, 형 뭉케는 중국의 현안에 더욱 몰두하게 하는 명령을 쿠빌라이에게 내렸다. 대칸은 대리(大理) 왕국(오늘날의 중국 윈난성)을 몽골의 휘하로 편입시키라고 명령했던 것이다. 대리는 우연하게도 버마와 남아시아를 오가는 교역로 상에 위치해 있었고, 게다가 동아시아에서 몽골의 주요 적수였던 남송을 공격할 수 있는 전략적 근거지가 될 수도 있었다. 쿠빌라이는 원정을 위한 준비에 공을 들였다. 원정에 나서기 전에 우선 대리의 복속을 요구하고자 세 명의 사절을 파견했다. 그러나 대리는 복속을 받아들이기는커녕 나라를 다스리는 재상이 사절들을 처형시켰다.

쿠빌라이는 대리의 항복을 다그치려면 잔인한 전쟁이 불가피하다고 판단했지만, 측근 유학자인 요추(姚樞)가 전쟁으로 인한 인명 손실과 심각한 파괴를 막았던 것으로 보인다. 극심한 유혈사태를 막으려 했던 요추는 몽골족이 무자비하게 사람을 죽이거나 약탈을 일삼지 않을 것임을 선포하는 기치(旗幟)와 함께 대리로 분견대를 보내도록 제안했다. 수십 년 동안 몽골족은 만약에 해당 주민들이 평화롭게 항복을 한다면 도시를 파괴하지 않겠다고 맹세하는 전략을 구사해왔다. 대리는 항복했고, 쿠빌라이는 그 맹세를 실천했다. 단지 그의 사절들을 처형시킨 인사들만 살해했다. 그는 정부의 체계를 바꾸지 않았고 그저 세금과 더불어 훗날 남송 원정을 위한 근거지로서 대리의 영역을 활용할 기회를 제공하도록 요구했다.

북중국의 영지로 돌아온 이후에 쿠빌라이는 정규적인 행정 체계를 수립하고자 계획했다. 먼저 중국인과 외국인 조언자들의 권고에 따라 농업과 교역을 지원하고 교육을 육성했으며, 세금 제도를 창안하고 자신의 부대를 선발했다. 그는 또 유교의 가르침에 통달해 있고 수학과 천문학, 서예와 그림에도 재능이 있던 불교 승려 유병충(劉秉忠)의 도움에 의지했다.

7. 몽골의 칸국들(1280년)

유병충은 일찍이 통치를 위한 상세한 충언(忠言)을 담은 긴 상소를 준비했는데, 여기에는 중국의 전통적인 체계로 돌아가자는 내용도 포함되어 있었을 것이다. 그는 고대 중국의 의례와 예식, 정규적인 법적 제도, 백성들에게 과중한 부담을 지우지 않는 세금 체계, 과거제도의 재도입을 통한 학자-관료의 등용을 복원하자고 주장했다. 쿠빌라이는 자칫 중국 관료들에게 지나치게 의존하는 병폐를 낳을 수도 있는 과거제도의 복원을 제외하고는 유병충이 했던 모든 제안들을 받아들였다.

쿠빌라이의 의도가 드러나는 가장 중요한 신호는 자신의 수도를 건설한 일이었는데, 이는 그가 중국인의 정주 생활 방식에 공감하면서 중국의 영역을 통치하겠다는 열망을 입증하는 것이었다. 내몽골에 위치한 수도는 원래 개평(開平)이라고 알려졌지만, 나중에는 상도(上都)로 이름을 바꾸었다. 쿠빌라이는 고대 중국의 풍수(風水) 원리(주거나 무덤 및 다른 건축물에 걸맞은 가장 상서로운 지점을 찾기 위해 구상된 예측 계획)를 활용하여 정부의 중심지를 선택했다. 마르코 폴로는 '샨두(Ciandu)'라고 불렀고, 새뮤얼 테일러 콜리지의 시(詩)「쿠블라 칸Kubla Khan」에서는 '제너두(Xanadu)'가 되었던 이 수도는 훌륭하게 계획된 도시였다. 중국식 모델에 근거해 성벽으로 둘러싼 수도는 대략 10만 명의 인구를 부양했다. 외성(外城)에는 불교와 도교 사원들이 늘어서 있었고, 내성(內城)

의 가장 특징적인 건물은 대리석으로 지은 황궁(皇宮)이었다. 이는 마르코 폴로가 상세하게 묘사한 바 있다. 그는 "접견실과 방은…… 모두 금으로 칠해져 있고 훌륭하게 채색되어 있다.…… 짐승들과 새들, 나무들, 꽃들의 그림과 이미지로…… 아주 멋들어지게 꾸며져 있어서 그것을 보는 것이 기쁨이자 놀라움이다"라고 기록했다. 다양한 구조물들은 디자인과 무늬의 운용에서 이전 중국의 도시들에서 발견되는 것과 비슷했다. 중요한 추가 부분은 외성 밖에 있는 공원이었는데, 이는 사냥과 매 훈련장으로 활용되었고 몽골의 주요 특징을 상징하는 것이었다.

쿠빌라이의 정책들과 그의 명백한 중국 지향성은 몽골 보수주의자들로부터 우려를 자아냈다. 그러나 뭉케는 초기에 한동안 견해차를 보인 후로는 동생을 신뢰했고, 불교와 도교 승려들 사이의 분쟁을 처리하라는 명령을 내렸다. 이는 북중국에서 제국이 직면한 난제들 중 하나였다. 두 종교 사이에는 폭력사태가 빚어졌는데, 각 진영은 다른 쪽의 취약한 사원들을 공격했다. 교의에 따른 논쟁보다는 힘과 지위가 적대감을 불러일으켰던 것이다. 두 종교는 부분적으로 신앙을 공유했고, 실제로 불경을 중국어로 번역했던 가장 이른 시기의 번역자들은 불교의 주요 개념들을 확인하고자 도교 용어를 활용다. 불교도와 도교도는 토지, 유형 자산, 정부의 후원 등을 놓고 갈등을 벌이게 되었고, 저마다 상대에 대항하기 위해 들먹이는 주장들은 개념과는 별다른 관계가 없었다. 불교도들은 역사상의 붓다(Buddha)가 도교의 창시자라 일컬어지는 노자(老子)보다 앞선 시대 사람이라고 주장하면서, 이 인도의 현자(賢者)가 더 일찍 태어난 것은 중국의 철학자보다 붓다가 더 우월하다는 것을 의미한다고 보았다. 이에 도교도들은 노자가 중국에서 자신의 가르침의 정수를 설파한 후에 '서역(西域)'(중앙아시아와 인도를 일컫는 중국식 용어)으로 간 것이라며 불교도들에 맞섰다. 서역으로 간 노자는 자신의 영향을 받은 수많은 것들 중 하나로 스스로 변화했고 이 인물이 인도에서 붓다로 알려지게 되었으며 불교의 교리를 발전시켰는데, 결국 덜 지성적이었던 서역 민족들을 고려한 나머지 그의 가르침이 타락하고 단순해진 형태로 변했다는 것이었다.

1258년에 쿠빌라이는 이들의 불화를 야기했던 논쟁적인 문제들을 논하기 위해 동아시아의 유력한 불교도와 도교도들의 회의를 소집했다. 당시에 쿠빌라이는 불교로 기울어 있었다. 대칸은 쿠빌라이의 아내 차비(Chabi)를 가르쳤던 티베트 불교의 승려 팍빠('Phags-pa, '파스파'라고 더 잘 알려진 승려로, 티베트어의 정확한 발음은 파스파보다는 '팍빠'에 더 가깝다―옮긴이)에게 감명을 받았고, 쿠빌라이 자신은 스물세 살의 티베트 승려에게 종교적 가르침을 받았다. 애초부터 그는 불교 편에

섰지만, 도교도들에게 스스로의 명예를 회복하기 위한 한 번의 기회를 주었다. 그는 도교도들이 능숙하다고 알려져 있던 질병 치료, 날씨 바꾸기, 미래 예언 등의 마법과 같은 초자연적인 재주를 시연해보라고 일렀지만, 어떠한 초자연적인 힘도 보여줄 수 없었던 도교도들은 도전의 조건을 충족시킬 수 없었다. 이후 쿠빌라이는 논쟁에서 도교가 패배자라고 선언했고, 수하들에게 저명한 도사(道士) 열일곱 명의 머리를 깎고 불교로 강제 개종시키라고 명령했다. 도교에 의해 점유되어 있던 불교 사원들과 몰수된 재산들은 본래의 소유자들 품으로 돌아갔다. 이러한 처벌은 상대적으로 가벼운 것이었다. 쿠빌라이는 도교를 배척하지 않았고, 어떠한 도사들도 투옥되거나 처형되지 않았다.

불교와 도교 간의 논란을 처리하자마자 쿠빌라이는 중국의 남은 지역에 대한 정복을 지원하라는 임무를 할당받았다. 형 뭉케가 남송 제국을 공격하려는 계획을 짜고 있었던 것이다. 뭉케는 네 방면의 전선을 따라 부대를 배치함으로써 남송 측이 군대를 한곳에 집중시키지 못하게 만들었다. 뭉케의 개인적 지휘 아래에 있던 병사들은 사천(四川) 지역을 장악하고 동쪽으로 진군하기 위해 중국 북서부에 있던 그의 근거지로부터 남쪽을 향해 이동했다. 동생 쿠빌라이의 부대는 새로 건설된 도시 개평으로부터 남쪽으로 이동해 양자강을 건너 송의 영토로 들어갈 계획이었다. 이곳에서 그들은 운남(雲南) 지역에서 북쪽으로 진군하는 셋째 부대와 만나게 될 예정이었다. 넷째 부대는 동쪽으로 양양(襄陽)을 향해 진군하여 쿠빌라이의 군대와 합류할 예정이었다. 뭉케는 남송의 서쪽과 동쪽 지역을 고립시키려는 의도를 가지고 있었고, 서쪽에서 일찍 승리를 거두면 남송을 항복시킬 수 있을 것이라고 기대했다.

뭉케 자신의 부대는 완강한 저항에 직면했고, 그는 남송의 영토로 계속 진군하던 중 1259년 8월 11일에 사망했다. 또다시 새로운 대칸을 선출하기 위해 몽골 귀족의 쿠릴타이가 열려야 했고, 이로써 중국에 대한 원정은 중지되었다. 쿠빌라이 자신은 남송에 대한 공격을 종결하고 대칸의 지도권을 향한 그의 욕망을 실현하기 위해 북쪽으로 이동했다.

쿠빌라이와 그의 동생 아릭 부케가 계승을 놓고 다투면서 저마다 다른 몽골 칸국들로부터 지원을 받았는데, 이는 몽골 제국의 분열을 시사하는 것이었다. 아릭 부케는 몽골의 전통적인 관행과 가치를 유지하고자 원했던 몽골족들을 대표했다. 아릭 부케와 그의 동맹자들은 쿠빌라이와 훌레구가 점차 정주 문명과 일체화되어가는 것에 대해 우려하고 있었다. 그들은 훌레구와 쿠빌라이가 복속민들로부터 조언과 지원을 구할 뿐 아니라 각각 이란과 중국에 거주하면서 대부분의 시간을 몽골리아 외부에서 보내고, 조상들의 샤머니즘에서 네스토리우스 기독교와 불교로 돌아선 여성들과 혼인을 했던 것에 불안감을 품고 있었다.

1260년, 쿠빌라이와 아릭 부케는 각각 쿠릴타이를 소집했고 그들 자신이 대칸에 선출되었는데, 이는 내전으로 가는 무대가 되었다. 쿠빌라이는 이 싸움에서 이기기 위해 중국에 의지했고, 중국의 재통일을 지원하겠다면서 중국 백성들에게 도움을 청했다. 그의 주요 전략은 정주 세계의 풍부한 자원들을 활용하는 것이었고, 그 자원이 아릭 부케에게 흘러들어가지 않게 하는 것이었다. 몽골리아 초원의 카라코룸에 근거지를 두고 있던 아릭 부케는 군량의 대부분을 수입해야만 했고, 그래서 쿠빌라이는 동생이 물자를 찾고 있던 지역들에 대한 봉쇄에 나섰다.

몇 차례 상당한 패배를 당한 이후, 아릭 부케는 결국 1264년에 항복했다. 쿠빌라이는 부하들이 아릭 부케를 처벌하거나 혹은 처형시키라고 요구했음에도 불구하고 동생을 관대하게 대했던 것으로 알려졌다. 그러나 아릭 부케가 병에 걸려서 1266년 초에 사망함으로써 쿠빌라이로서는 큰 고민거리를 덜어버린 셈이었다. 아릭 부케의 사망은 쿠빌라이에게 안도감을 안겼고, 바로 이 편안함이 아릭 부케의 사망 정황을 둘러싼 의문을 불러일으켰다.

쿠빌라이가 중국을 통치하다

쿠빌라이는 명백한 대칸에 오르자마자 혼합적인 행정을 펼치기 시작했는데, 이는 중국과 몽골 요소들의 도움을 구하면서 이들을 통합하는 것이었다. 그는 중국인 조언자들에게 과도한 권한을 주며 의존하려 하지 않았고, 중국 전래 왕조들의 행정 기구 전체를 채용하는 것도 바라지 않았다. 중국의 제도를 수정하려 했던 그의 의도를 가장 잘 보여주는 것은 과거제도의 재도입을 거부한 일이었다. 과거시험을 복원하면 중국인 유학자 관료들에게 얽매일 수 있었고, 한편으로는 대체로 몽골족에게 복속된 사람들로만 이루어진 관료 체계에 스스로를 한정시킬 수 없었던 것이다.

그는 또 백성들을 세 집단, 훗날에는 네 집단으로 나눔으로써 중국 전래 왕조들의 기준에서 벗어났다. 몽골족이 가장 우위를 점했고, 그다음은 대부분 정부의 주요 관직에 등용된 무슬림과 여타 외국인들이었다. 한인(漢人, 북중국에 거주하는 사람)과 남인(南人, 남중국에 거주하는 사람)은 가장 낮은 서열로서 중요한 일부 문관의 지위로부터 배제되었다(몽골제국은 크게 몽골인, 색목인色目人, 한인, 남인 네 부류로 백성을 구분했고 이를 사등인제四等人制라고 칭하기도 한다. 한인은 주로 이전 금, 서하 지역에 살았던 사람들을 가리키고 남인은 남송 지역에 살았던 사람들을 가리킨다. 색목인은 몽골인, 한인, 남인을 제외한 모든 사람들을 일컬으며 중앙아시아나 중동 출신자들도 여기에 포함된다. 색목인은 '눈에 색깔이 있는 사람'이라는 의미로 잘못 알려진 경우도 있는데, 이는 '諸色目人'이라 해서 여러 부류의 사람들을 뜻한다—옮긴이). 중국인이 군사적 고위직을 얻거나 혹은 그런 지위를 바라는 것은 더더욱 어려운 일이었다. 쿠빌라이와 여타 몽골족들은 관료 계급에서는 확실히 중국인들을 차별했다.

쿠빌라이가 이런 정책을 취한 주된 이유는 중국에서는 중국인이 몽골족보다 수효가 훨씬 더 많았기 때문이다. 한 자료는 한인들이 대략 1천 만 명을 헤아렸고 남인들은 6천 만 명에 달했는데, 몽골의 인구는 100만을 넘지 않았다고 추산한다. 몽골족으로서는 중국인들에 의해 그 정체성이 사라지는 것을 피하려면, 정부와 군대에서 주도적인 자리를 계속 장악해나가야 했다.

그런데 쿠빌라이는 중국인들에게 익숙한 인상을 주는 행정 구조를 만들고자 했다. 그는 민간의 사안을 담당하는 중서성(中書省)이라고 알려진 전통적인 기구를 되살렸고, 군사적인 사안을 관리하기 위해 추밀원(樞密院)을 세웠다. 또한 이전 중국에서 정책을 시행했던 육부(六部)도 다시 세웠다. 육부는 문관을 감독하고 호구조사를 시행하고 세금과 공물을 징수했으며, 궁정의 예식과 종교를 관할하고 외국 사절들을 접대하고 군사를 훈련시켰다. 또 법률을 집행하고 감옥을 관리하고 기간 시설을 보수했다. 지방 행정의 경우도 이전 중국 왕조들과 비슷하게 성(省), 로(路), 주(州), 현(縣)으로 나누게 되었다.

몽골과 중국의 왕조들 사이에 나타난 중요한 차이점은 통제를 더욱 강조한 데에 있었다. 다수가 중국인이었던 관료들이 충성을 다하지 않고 부패할 수도 있음을 우려한 쿠빌라이는 이전의 모든 중국 왕조들보다 어사대(御史臺)라고 알려진 정부 기구에 더욱 큰 권한을 위임했다. 관료들과 지역 엘리트들에 대한 밀정(密偵)이라고 노골적으로 묘사될 수도 있는 감찰관들은 조정, 군대 혹은 지방 정부에 의한 재정 남용을 적발하기 위해 주기적으로 지방을 시찰하면서 몽골 황제에게 이를 직접 보고했다. 그러나 몽골족은 때때로 지방의 중국인 엘리트들이 징세와 더불어 자신들이 필요로 하는 치안, 사법, 군사 임무를 제대로 수행하는 한, 지역을 통치할 수 있는 상당한 정도의 재량권을 부여했다.

쿠빌라이와 중국 경제

1260년대 초반에 정치적 체계를 확립한 몽골족은 이제 주요한 경제적 문제들과 씨름해야 했다. 13세기 초반에 이루어진 몽골의 북중국 침략으로 몇몇 도시들이 파괴되고 가옥과 정부 및 종교 관련 건물이 무너졌다. 훗날의 역사적 서술을 비롯해서 중국의 일부 자료들에 따르면, 주민 수십 만 명이 학살되었고 이로 인해 인구의 절반이 감소했다는 매우 과장된 수치를 제시하고 있기도 하다. 만약에 인구의 절반이 살해되었다면 수많은 도시들이 방치될 수밖에 없었을 것이다. 이러한 과장에도 불구하고, 북중국과 1279년의 정복 이후 남중국에 초래된 인구 손실은 국가를 약화시키는 것이었다. 중국인 농민들은 몽골 통치자들의 의도에 대해 확신을 가질 수 없었다. 이 새로운 군주들이 단순히 땅을 빼앗아서 몽골족의 동물들을 위한 목초지로 바꾸려 하는 것일까? 농민들에게 독단적이고 터무니없는 세금을 부과하려고 하는 것일까? 계획적이고 정돈된 경제적·사회적 조치에 착수하기 전에 쿠빌라이는 이러한 불안감부터 줄일 필요가 있었다. 권력을 잡은 초기에 그는 세금 탕감 노력으로 응대하면서, 그의 관료들과 군대가 중국인들에게 과도한 부담을 주는 처사를 금지시켰다.

더욱 중요한 것은 1262년에 쿠빌라이가 권농사(勸農司)를 창설한 일이다(여기에서 저자는 1262년의 일로 서술하지만, 원 제국의 역사를 기록한 중국의 대표적 역사서인 『원사元史』에는 1261년의 일로 기록되어 있다―옮긴이). 이는 쿠빌라이가 농경에 가치를 두고 있음을 보여주는 것이었다. 가장 오래 지속되었던 그의 공헌은 사(社)를 세운 일이었는데, 사는 농업 생산을 증진하고 새로운 기술을 도입하며 홍수의 통제와 관개를 개선하고 고아와 과부 및 노인들을 위한 원조를 제공하며 호구조사를 벌이기 위해 만들어진 자조(自助) 조직이었다.

장인들은 그가 보호하려 한 또다른 집단이었다. 이전의 몽골 칸들이 그랬던 것처럼, 그도 장인들이 필요하다는 것을 인식했다. 몽골족 스스로는 장인들을 거의 보유하고 있지 않았기 때문에 그릇이나 접시, 직물과 같은 기본적인 물품들을 조달하기 위해서 특히 중국인, 이란인 혹은 중앙아시아인 등의 외국인들에게 의지했던 것이다. 도성과 같은 기간 시설을 세우는 계획에도 고도로 숙련된 장인들의 역량이 요구되었다. 그래서 쿠빌라이는 장인들에게 상당한 급료와 음식, 의복을 배급해주었고 강제 노역의 부담을 줄여주었다.

상인들 또한 쿠빌라이 치세에 번영을 누렸고, 국제적인 관계 유지와 역사에서 중요한 요소가 되었다. 중국의 왕조들은 상인들에게 온갖 제한을 부과했는데, 이는 중국인 유학자 관료들이 상인들은 가치가 있는 어떠한 것도 생산하지 않고 그저 물품을 거래하기만 하면서 기생적인 이득만 추구한다고 보고 교역을 비난했기 때문이다. 할아버지 칭기스 칸처럼, 쿠빌라이는 상인들의 지위를 끌어올렸고 다량의 지폐를 발행했으며, 장거리 교역에 종사하는 상인들에게 돈을 빌려주는가 하면 이동의 편의를 위해 도로와 운하를 건설했다. 그리고 역참 제도를 정비하여 상인들이 이용할 수 있게 했다. 이러한 지원이 육상 및 해상으로 유라시아를 가로지르는 상당한 정도의 교역을 일으켰고, 문명들 간의 기술적·문화적·종교적·예술적 상호 관계가 형성될 수 있게 했다는 점도 언급해둬야 할 것이다.

게다가 동방과 서방 사이의 전례 없는 접촉은 몽골의 가장 중요한 기여 중 하나였다. 팍스 몽골리카(Pax Mongolica, 몽골의 평화)는 사람, 사상, 기술의 교환을 손쉽게 만들었던 것이다. 동방과 서방의 여러 문명들은 외국의 기술과 사상에 노출되었고, 자신들의 필요에 맞추기 위해 다른 세계로부터 차용한 모든 것을 적절히 수정했다. 이란인들은 중국으로 병아리콩, 당근, 가지, 파스타를 들여왔다. 그들은 이란의 의학 서적을 중국어로 번역했는데, 한편으로는 중국의 농업 문헌이 이란어로 번역되었다. 그리고 도자기에 들어간 중국식 무늬와 기술은 이란의 도자기 제조에 영향을 끼쳤다. 몽골족은 장인들과 전문가들을 높이 평가했고 금사(金絲)를 사용한 고급 직물, 청화백자, 금으로 된 공예품을 생산하기 위해 그들을 제국의 한 영역에서 다른 지역으로 이동시켰다.

중국 황제들 치하보다 몽골족의 휘하에서 더 나은 삶을 살았던 또다른 집단은 의사들이었다. 이전 중국 왕조들에서 의사들은 대부분 훈련을 거의 받지 못했고, 사회적으로는 낮은 계층으로 분류되었다. 실용적인 몽골의 통치자들은 의학에 가치를 부여했고, 의사는 적합하면서도 매력적인 직업임을 강조했다. 쿠빌라이 자신이 통풍 등으로 고통을 받고 있었고, 그래서 특히 이 직업을 적극 후원했다. 1285년, 1288년, 1290년에 그는 귀중품들은 물론이고 숙련된 의사들을 구하기 위해 남인도로 사절들을 파견했다. 자신의 치세에 쿠빌라이는 중앙아시아와 이란으로부터 네스토리우스 기독교도 및 무슬림 의사들을 궁정으로 초빙했고, 또 고려로부터도 의사들을 불러왔다. 1262년에는 중국 전역의 로(路)에 의학교를 설립하라는 명령을 내렸다. 정부의 이처럼 강력한 지원은 중국 엘리트들의 일부가 의학을 공부하도록 유도했다. 젊은 중국인 남성들은 관료가 되는 등용문인 과거시험을 보는 길이 막혀 있었기 때문에 의사로서의 경력은 더욱 매력적인 것이었다. 지식으로 넘쳐나는 의학교의 설립, 의학 교과서 출판의 극적인 증대, 의사의 높은 지위 덕분에 이전에는 천대받았던 이 직업으로 많은 중국인들이 진입하게 되었다.

이와 비슷하게 쿠빌라이와 몽골의 다른 칸들은 어떤 사업을 언제 시작하고 끝내야 하는지를 놓고 실질적인 조언을 얻기 위해 천문학자들을 우대했고, 그래서 중국인과 외국인 전문가들을 등용했으며 결국에는 궁정에 회회사천대(回回司天臺, 이슬람 지역의 천문, 역법 기술을 관할하기 위해 쿠빌라이는 1271년에 회회사천대를 창설했다. 이후 인종 시기에 회회사천감으로 바뀌었다―옮긴이)를 건립했다. 또한 천문학 장비의 그림을 이란으로부터 반입해서 장비를 제작하는 데에 도움을 얻기 위해 이란인 천문학자 자말 앗 딘(Jamal al-Din)을 초빙했다. 자말 앗 딘은 도표와 계산법도 알려주었는데, 이는 중국인 과학자 곽수경(郭守敬)이 새롭고 더욱 정확한 중국 달력을 제작하는 데에 도움이 되었다(곽수경은 수리水利의 계책을 쿠빌라이에게 진헌하면서 등용되었다가 1276년부터는 새로운 역曆을 만들기 위해 여러 관료들과 함께 5년에 걸쳐 측정 및 계산 작업에 종사했고 그 결과 당시에 가장 정밀하고 우수한 역법인 수시력授時曆을 선보였다―옮긴이). 중국인들은 일반적으로 자신들의 천문학 이론을 유지했지만, 원나라 궁정은 이란의 특정한 방식을 채택하여 개조했다. 이란과의 접촉은 색깔이 들어간 부호와 격자(格子)가 포함된 더욱 훌륭한 지도를 중국인들이 제작하는 데에 도움이 되었다.

쿠빌라이와 정통성

중국과 몽골이 혼합된, 문화적·과학적으로 조화를 이룬 이런 정책들은 몽골족에게 도움이 되었고, 특히 쿠빌라이는 중국의 지도자로서 지지와 정통성을 획득했다. 그러나 대칸으로서 세계를 통치한다는 쿠빌라이의 위신은 크게 훼손되었다. 러시아의 킵차크 칸국과 중앙아시아의 몽골 칸은 모두 권력투쟁 과정에서 쿠빌라이의 동생을 지지했고, 그래서 쿠빌라이의 패권을 인정하려 들지 않았다. 이란과 서아시아의 몽골 통치자들만이 쿠빌라이의 믿음직한 동맹이었지만, 그들이 킵차크 칸국과의 갈등에 얽히면서 몽골 세계는 더욱 분열되었다. 비록 서아시아는 사실상 자율적이었지만, 이란의 몽골 통치자들은 대칸의 신하라고 하는 상징적인 지위를 인정했다. 이런 우호적인 관계는 교역은 물론이고 중요하게는 문화적·종교적·예술적 교류로도 이어졌다.

중국의 통치자로서 정통성을 확보하려 했던 쿠빌라이의 시도들은 더 나은 결과들을 가져왔다. 1267년에 그는 정주 세계의 심장부에 도성을 건설하기 시작했고, 이는 중국인 백성들에게는 중요한 신호였다. 카라코룸의 입지여건은 거대한 제국의 수도로서는 적합하지 않았음이 드러났는데, 무엇보다 늘어나는 인구에 비해 식량이나 여타 생필품들을 원활하게 공급할 수 있는 배후지가 전무했기 때문이다. 쿠빌라이는 오늘날의 북경 근교에 대도(大都)를 건설하도록 명령했고, 여기에 종사할 다양한 민족으로 구성된 장인들과 인부들을 선발했다. 이 도시는 대부분의 중국 왕조의 수도들보다 훨씬 북쪽에 위치했는데, 이는 중국을 계속 통치하면서도 북쪽에 있는 본거지를 통제하기 위한 근거지를 확보하겠다는 쿠빌라이의 바람을 보여주는 것이었다. 대도의 유일한 약점은 대규모 인구를 부양하기 위한 곡물이 충분하지 않다는 것이었는데, 쿠빌라이는 비옥한 남쪽으로부터 대도 근처까지 이르는 대운하를 확장함으로써 이 문제를 해결했다.

쿠빌라이는 스스로 중국인들의 환심을 얻기 위해서 도시를 그들에게 익숙한 형태로 건설하고자 했다. 동-서와 남-북의 축이 대칭을 이루는 도시의 구획, 각각 출입을 할 수 있고 3층의 망루가 세워진 11개의 문, 황족들의 공간인 황성과 관료들이 거주하는 내성 그리고 일반 주민들이 거주하는 외성으로 구분된 것은 개념적·건축학적 형태면에서 모두 중국식이었다. 외국 사절을 맞이하기 위한 접견실, 칸 자신의 구역, 그리고 처첩들의 공간과 같은 황성 내의 건물들은 모두 중국식 수도의 배치와 비슷했다. 황성에는 또 호수, 정원, 다리가 교차되게 자리잡았는데, 이것도 전통적인 중국식 수도들의 특징이었다. 그러나 몽골의 특색도 분명히 나타났다. 쿠빌라이의 침전에 걸려 있는 모피로 된 휘장과 커튼은 몽골족의 사냥 및 유목 생활을 분명하게 상기시키는 것들이었다. 쿠빌라이와 그의 자식들은 때때로 궁전 인근에 들어선 게르에 거주했다. 쿠빌라이의 부인들 중 한 명이 출산을 할 때가 되면 게르로 옮겨 거기에서 아이를 낳았다.

대도가 점점 중국식 도시가 되면서 쿠빌라이의 원래 수도는 다른 용도로 사용되었다. 상도(上都)가 몽골의 예식을 유지하기 위한 대리 공간이 된 것이다. 상도는 피서지나 사냥터로서의 역할을 담당했다. 1270년대 중반, 마르코 폴로가 방문했던 무렵에 상도는 사냥 구역이 되어 있었는데(한 자료에 따르면 동물에게 주는 먹이가 새 500마리였다고 한다), 이는 자연과 몽골 고유의 투박한 활동을 연계시킬 수 있도록 하려고 쿠빌라이가 고안한 것이었다.

중국에서 정통성을 확보하려는 열망으로 쿠빌라이는 초기에 또다른 정책들을 제시했다. 그는 조상들을 위한 사당을 건립했고, 중국의 조상 숭배를 연상시키는 의례를 거행했다. 중국인 참모들의 조언에 따라 그는 공자묘를 조성했다. 유교 황제로서의 이미지를 진작시킬 필요가 있었던 그는 제국의 중국식 이름으로 원(元, 기원을 의미)을 선택했다. 또한 궁정의 음악과 무용의 유교적 예식을 되살렸는데, 이는 예식을 생략하거나 부적절하게 거행하는 것은 홍수, 지진, 가뭄 등의 자연재해를 불러올 수 있다는 관점을 받아들인 것이었다. 더욱 확실한 신호는 그의 어린 아들이자 황태자였던 진김(Jingim)을 교육하기 위해 유학자 교사를 선발한 일이었다.

쿠빌라이는 또 몽골 민족들로부터도 정통성을 확보하고자 했다. 조상들과 마찬가지로, 쿠빌라이도 신뢰할 수 있는 몽골의 칸으로 남으려면 영토 확장을 계속해야만 한다고 생각했다. 몽골 군대의 규모가 커지고 그 내부에서 외국인 구성원의 비율이 크게 높아진 상황에서 그는 군대를 계속 바쁘게 가동시킬 필요가 있었다. 게다가 남송을 격파해 양자강 이남 지역의 주인이 되지 않고서는 중국의 통치자로서 인정받을 수 없었다.

그러나 북쪽 변경 문제에도 고심해야 했다. 북쪽에서 그의 조상들은 고려를 진압하려다 좌절을 맛보았지만, 쿠빌라이는 고려의 왕태자를 설득하여 복속을 받아내는 데에 성공했다. 이후 그는 자신의 딸들 중 한 명을 고려의 왕과 혼인시키기 위해 보냈고, 이는 고려를 상대로 이루어진 일련의 혼인 동맹의 선구 사례가 되었다. 쿠빌라이는 중앙아시아에서는 성공을 거두지 못했다. 그의 사촌이자 몽골 황실 가문의 경쟁 구성원이면서 대칸 우구데이의 손자였던 카이두(Khaidu)로부터 위협을 받았던 것이다. 중앙아시아는 중국, 인도, 서아시아 그리고 유럽을 연결하는 교역로의 교차점이었던 만큼, 이 지역의 불안정성은 교역과 다양한 문화 간의 접촉을 위한 쿠빌라이의 노력을 헛수고로 만들 수도 있었다. 이 두 사촌 사이의 분쟁이 정체 상태에 놓이게 되자, 쿠빌라이는 결국 자신이 중앙아시아를 장악할 수는 없다는 사실을 인정했다. 이런 실패에도 불구하고 상인들은 서아시아(특히 이란)와 중국을 계속 오갔는데, 그들은 쿠빌라이와 카이두가 전투를 벌인 지역들을 우회하는 경로를 이용했다. 이로써 아시아를 가로지르는 관계는 지속되었고, 세계적인 교류의 토대를 마련하게 되었다.

남중국 정복

쿠빌라이가 가장 중요하게 여긴 국경은 남쪽에 있었다. 북중국에서 몽골족을 몰아내고자 하는 중국의 외국인 배척 움직임을 막기 위해서 그는 남송 제국을 정복해야 했지만, 이 노력에는 큰 부담이 따랐다. 몽골의 군대와 기병들은 북쪽의 기후와 지형에서는 대부분 성공을 거두었지만, 남쪽의 더위와 삼림 지역에는 익숙하지 않았다. 말들은 남중국 아열대 지역의 고통스러운 고온에 적응하기 어려웠고, 중국인들은 경작 가능한 모든 땅에 농작물을 심었기 때문에 동물들을 위한 다량의 풀을 확보할 수도 없었다. 몽골의 병사들이 양자강을 건너 남송의 성채에 도달하고 나아가 중국의 남동쪽 해안을 따라 자리한 도시들을 공격하려면 수군도 필수적으로 양성해야 했다. 세계에서 인구가 가장 많았던 일부 도시들의 저항을 극복하기 위해서는 정교한 공성 무기와 전략 또한 필요했다.

비록 남송이 정치적·경제적 곤란에 처하긴 했어도 강력한 적수인 것은 분명했다. 물산이 풍부하고 비옥한 땅, 중국 안팎으로 이어지는 광범한 교역망을 가진 남송 제국은 번영을 누리고 있었고 몽골족에 맞서는 항쟁에 상당한 자원을 동원할 수 있었다. 그러나 남송 정부에는 부정부패가 만연했다. 지주들은 종종 세금을 내지 않아서 제국의 재정 적자를 야기했다. 그리고 황태후(황제의 어머니)나 궁정 관료들이 황제를 통제한 탓에 마지막 세 황제는 유아 때 제위에 올랐다.

양자강 중류 유역의 두 도시 양양(襄陽)과 번성(樊城)을 장악하는 것은 양자강을 건너기 위한 선결 과제였다(여기의 양양과 번성은 양자강 중류가 아니라 한수漢水를 사이에 두고 마주보는 도시들이었다―옮긴이). 두 도시를 점령하면 나머지 남쪽 지역을 공격하기 위한 근거지를 확보한 셈이었던 것이다. 1268년에 몽골족은 이 도시들을 포위했지만, 선박을 통한 보급을 차단하기 위해서는 인근 한수(漢水)에 대한 통제가 필요하다는 점을 곧 인지했다. 게다가 방비가 잘 되어 있는 적을 제압하려면 성벽을 돌파해야 했는데, 이는 엄청난 피해가 예상되는 작전이었다. 그래서 몽골족은 대포의 지원을 필요로 했고, 쿠빌라이는 이를 위해서 두 명의 숙련된 서아시아 무슬림 기술자를 선발했다. 이란의 몽골 통치자에 의해 파견된 두 사람은 도시를 파괴할 투석기를 제작했다. 간헐적인 전쟁이 5년간이나 벌어진 후, 1273년에 양양이 항복했고 얼마 지나지 않아 번성이 굴복했다.

1273년부터 몽골 부대는 가차 없이 진격했다. 1275년에는 번영을 누리면서 상업적으로도 중요한 도시였던 양주(揚州)를 점령했다. 이후 그들은 세계에서 가장 큰 도시 중 하나였던 남송의 수도 항주에 대한 공격을 준비했다. 남송 조정은 어수선한 혼돈 상태에 빠졌는데, 이때 남송은 다섯 살 난 황제가 통치하고 있었지만 그의 할머니가 실제로 권력을 행사하고 있었다. 남송 군대의 취약함을 알게 된 황태후는 몽골족과 협상을 했고, 1276년 1월에 항복했다. 남중국 사람들의 지지를 얻고자 했던 쿠빌라이는 황실 가족을 해치지 않았다. 남송에 충성을 바쳐온 관료들은 그사이에 항주에서 도망쳤고, 황제의 이복형제 중 한 유아를 황제로 즉위시켰다. 몽골 병사들은 이 관료들을 해안을 따라 끝까지 추격했다. 1278년 5월, 어리고 다소 병약했던 황제는 갖은 곤경 속에 사망했다. 그후 신하들은 황제의 이복형제를 즉위시켰는데, 역시 또다른 아이였다. 그러나 이들은 추격해오는 몽골 군대에 상대가 되지 못했다. 사태의 위급함을 알아차린 유력한 중국인 관료는 자신이 돌보던 어린 황제를 안고 물속으로 뛰어들어 익사했다. 남송의 마지막 황제는 바다로 사라졌고, 남송 제국은 마침내 몽골족에 의해 멸망했다.

1279년에 쿠빌라이는 남송 제국의 잔여 세력을 제압했다. 그러나 이제는 남중국 사람들의 충성을 확보해야 하는 더욱 어려운 과제에 직면했다. 그는 지역 주민들의 불만을 사지 않도록 군대를 단속했다. 남중국 사람들의 재산을 강탈하거나 어떠한 종류의 착취도 하지 못하도록 경고했던 것이다. 그의 정책은 효율적이었던 것으로 드러났는데, 무엇보다 반란 사례가 거의 기록되어 있지 않기 때문이다. 몽골이 별다른 어려움 없이 세계에서 가장 많은 인구를 가진 땅을 지배할 수 있었다는 것은 주목할 만하다.

일 칸국: 불안정성과 창의성

동아시아에서 몽골의 통치가 그랬던 것처럼, 서아시아에서 몽골의 통치도 모순으로 가득차 있었다. 몽골의 칸들은 바그다드에서 압바스 칼리프조의 반란이 종결된 후로 이 지역을 안정화시켰다. 그러나 몽골 지도자들 사이의 정치적 항쟁과 계승 분쟁은 칸국이 유지된 약 80년 동안 엄청난 혼란을 불러일으켰다.

쿠빌라이의 동생이자 압바스 칼리프조를 정복했던 훌레구는 바그다드를 점령한 후에도 원정을 끝내지 않았다. 그의 부대는 시리아로 진군했다. 그의 병사들은 알레포와 다마스쿠스를 점령했고, 시리아가 몽골의 말들을 위한 충분한 목초지를 가지고 있지 않음에도 불구하고 더 서쪽으로 원정을 갈 준비를 했다. 이렇듯 놀라운 성공을 거두고 이제 중동에서 마지막으로 남은 유력한 이슬람 왕조인 맘루크조에 도전하려던 시점에 훌레구는 자신의 형 대칸 뭉케가 사망했음을 알게 되었다. 그는 원정을 중단했고, 새로운 대칸을 선출할 쿠릴타이에 참석하고자 본거지로 발길을 돌렸다. 소규모의 약체 부대만이 시리아에 남아서 훌레구의 귀환을 기다렸다.

1241년에 우구데이가 사망한 것이 유럽을 향한 몽골의 팽창 노력을 종결시켰듯이, 뭉케의 죽음도 광범한 결과를 불러왔다. 맘루크조의 지도자는 훌레구가 동방으로 돌아가면서 시리아에 주둔시킨 상대적으로 소수의 몽골 부대를 공격하는 것이 전략적으로 유리하다고 판단했다. 1260년 2월, 맘루크의 군대는 위대한 군사령관 바이바르스 1세(Baybars I)의 휘하에서 몽골 병사들을 상대로 아인 잘루트 지역에서 싸워 승리를 거두고 몽골의 지휘자를 생포해서 목을 베었다. 이 전투는 막강한 두 군대가 대규모로 충돌한 것은 아니었지만, 몽골 군대는 무적이라는 인식이 뒤집힌 점에서 중요한 사건이었음이 드러났다. 자발적 복속을 유도하기 위해 적들을 공포에 몰아넣는 몽골의 노력을 무산시키는 심리적 타격이었던 것이다.

훌레구 자신은 형제들인 쿠빌라이와 아릭 부케가 대칸국의 지위를 놓고 전쟁을 벌인다는 사실을 알게 되면서 이란에서 진군을 멈추었다. 그는 대칸에게 복속하는 칸이라는 의미의 일 칸(Il-Khan)이라는 칭호를 취했고, 몽골 영역의 반(半)자치적인 지역으로서 일 칸국을 창건했다. 이는 물론 러시아와 중앙아시아에 있는 몽골 칸국들의 적대감을 야기하는 정치적 행동이었다. 그의 몽골 이웃들이 가진 분명한 불쾌감을 무시하고 서아시아에 정착하기로 결정함에 따라 그는 몽골이 장악한 이란과 중동 지역을 통치하는 데에 상당한 어려움을 겪었다. 몽골의 침입은 인구를 감소시키고 경작지를 파괴했다. 그러나 훌레구와 그의 계승자들이 군사 행동을 벌이기 위해서는 더욱 늘어난 세입이 필요했다. 왜냐하면 그들은 부분적으로 이웃들 다수와 갈등상태에 놓여 있었기 때문이다. 그들은 불규칙적이고 변덕스러운 세금을 주민들에게 부과하기 시작했다.

또한 그들은 인접해 있던 비잔티움 제국과만 화목한 관계를 유지했다. 훌레구의 아내(그리고 의붓어머니)였던 도쿠즈 카툰(Dokhuz Khatun, 원래 훌레구의 아버지 톨루이의 아내였다. 몽골에서는 아버지가 사망한 경우, 친어머니를 제외한 아버지의 다른 아내들과 혼인을 하는 풍습이 있었다. 그래서 훌레구는 자신의 의붓어머니인 도쿠즈 카툰을 아내로 삼았던 것이다―옮긴이)은 독실한 네스토리우스 기독교 신자였던 만큼, 기독교 세계와 우호적인 관계를 추구했다. 비잔티움 제국과의 협상은 결국 황제 미카엘 8세(Michael VIII)의 서녀(庶女)인 마리아 팔레올로기나(Maria Palaiologina)가 훌레구의 후처(後妻)로 보내지는 결과로 이어졌다. 그러나 그녀가 도착했을 즈음에 훌레구가 사망했고, 그의 아들이자 계승자가 그녀를 아내로 삼았다. 사실 미카엘 8세와도 딱히 동맹 관계는 아니었는데, 이는 그가 또다른 서녀를 킵차크 칸국의 공작 노가이(Noghai)에게 보냄으로써 드러났다. 일 칸들은 비잔티움 제국보다는 주로 다른 이웃들과 전쟁을 벌였다.

난마처럼 얽힌 다양한 일화 중에서는 킵차크 칸국과 일 칸국 사이의 갈등이 초기에는 단연 중심에 놓여 있었다. 킵차크 칸국은 칭기스 칸이 몽골제국의 서쪽 지역을 아들 조치에게 넘겨주었다고 주장했다. 이 시나리오에 따르면, 비록 조치는 아버지보다 먼저 사망했지만 그의 아들들인 바투(재위 1237~1256)와 베르케(재위 1257~1266)가 그의 영역들을 상속받은 것인데 여기에는 적어도 오늘날의 아제르바이잔과 이란이 포함되어 있었다. 풍부한 목초지가 있고 교역로를 따라 전략적인 장소에 자리한 아제르바이잔은 특히 킵차크 칸국으로서는 매력적인 곳이었다. 일 칸국의 창건은 자연히 그들의 주장에 도전하는 일이었고, 아제르바이잔이라는 중요한 목표를 놓고 전쟁을 치르는 계기가 되었던 것이다. 1262년에 일 칸국과 킵차크 칸국의 병사들은 그들의 경계를 따라 전투를 치렀고, 이는 몽골의 형제애를 무너뜨리고 단일한 몽골제국의 종말을 가져왔다.

이와 동시에 중앙아시아에 있는 차가다이의 후손들이 일 칸국과 대립했다. 차가다이 칸국은 일 칸국의 성장하는 힘을 두려워했고, 자신들이 쿠빌라이와 분쟁을 겪는 과정에서 훌레구와 그의 계승자들이 쿠빌라이를 지지했다는 것을 알고 있었다. 그리하여 몽골제국은 중국의 원 제국과 일 칸국, 그리고 이에 맞서는 차가다이 칸국과 킵차크 칸국의 연합으로 크게 둘로 쪼개졌다. 일 칸국과 중앙아시아 사이에 산발적으로 빚어진 분쟁은 쿠빌라이의 사촌인 카이두가 1301년에 사망할 때까지 계속되었다. 이러한 분열은 방대한 영역을 차지한 칭기스 칸 가문의 제국이 반드시 불화 속에 쪼개지고 말 것이라는 관점을 확인해주었다.

일 칸들은 몽골족 사이의 정치적 분쟁에 직면했을 뿐 아니라 맘루크조와도 줄곧 갈등을 빚었는데, 맘루크조는 때때로 킵차크 칸국과도 협력했던 것으로 보인다. 훌레구의 부대가 아인 잘루트에서 패배한 후, 훌레구는 맘루크조와 그들의 새로운 지도자인 바이바르스 1세에 대해 직접 복수를 하기로 작정했다. 국경 분쟁, 습격, 전초전, 그리고 암살은 그와 맘루크조의 관계에서 나타나는 특징적인 요소였다. 1262년에 그는 맘루크조에 대항할 연맹 결성을 제안하기 위해 프랑스의 왕 루이 9세에게 사절들을 파견했지만, 사절들과 서신은 목적지에 정확하게 도착하지 못했다. 훌레구의 사망 이후 맘루크조와는 1281년, 1299년, 1303년, 1312년에 전쟁을 벌였다. 철저히 단합되어 있는데다 점점 증대되는 군사력까지 보유한 맘루크조를 일 칸들은 제압할 수 없었다. 1291년에 맘루크조는 초기 십자군 때부터 서방 기독교도의 본거지이자 중동에서 마지막으로 남은 서방 기독교도의 주둔지였던 도시 아크레(Acre)를 제압했다. 이로써 그들은 스스로를 '이슬람의 수호자'라고 칭할 수 있게 되었고, 무슬림 세계로부터 지원을 이끌어냈다.

1265년에 훌레구가 사망하고부터 1295년에 가잔 칸(Ghazan Khan)이 즉위하기까지 벌어진 정치적 내분은 서아시아에서 상당한 불안정을 야기했다. 훌레구의 아들 아바카(Abakha, 재위 1265~1282)는 별다른 사건 없이 아버지의 왕좌를 이어받았고, 아버지처럼 대다수의 무슬림들을 지배하기 위해 다종교·다민족 관료제를 수립하고자 했다. 그는 행정 관료에 네스토리우스 기독교도와 불교도, 유대인들을 선발했다. 또한 수도가 들어설 장소로 타브리즈를 선택했는데, 이는 새로 복속시킨 그의 영역을 통치하겠다는 포부를 보여주는 또 다른 상징이었다. 풍부한 물과 온화한 기후 덕분에 타브리즈는 몽골족과 그들의 동물들을 위한 이상적인 장소로 여겨졌다. 좀더 중요한 측면으로는 이 도시가 상인들이 동서로 오가는 주요 교역로 상에 위치하여 상업적 이득이나 칸국을 위한 수익을 얻을 기회를 제공한 것도 들 수 있다.

아바카의 동생이자 계승자였던 테구데르(Tegüder, 재위 1282~1284)는 이슬람교로 개종하여 아흐마드(Ahmad)라는 이름을 취했다. 이 일은 그가 맘루크조와의 갈등을 끝내고 동맹을 맺을 것이라는 두려움을 증폭시켰다. 그래서 아바카의 아들 아르군(Arghun, 재위 1284~1291)이 반란을 일으켜 테구데르를 제압한 후 처형했다. 그리고 뒤를 이은 두 명의 일 칸들이 살해되었다. 오직 가잔의 계승만이 어느 정도 안정적으로 이루어졌다. 이러한 불규칙성은 몽골 영역 전체를 괴롭힌 분열상을 드러냈을 뿐만 아니라 고위 관료들에게도 피해를 입혔다. 거의 80년에 이르는 일 칸국의 통치 기간에 오직 한 명의 재상만이 자연사했다. 나머지는 처형되거나 암살당했는데, 이는 일 칸국에서 얼핏 통제하기 버거운 내분을 보여주는 놀라운 신호였다.

일 칸들은 맘루크조와 킵차크 칸국으로부터의 위협에 대처하기 위해 동맹을 맺어야 했다. 원 제국은 그들을 돕기에는 너무 멀리 떨어져 있었던 만큼, 그들은 여전히 무슬림들로부터의 성지 탈환을 꿈꾸고 있던 유럽인들에게 시선을 돌렸다. 일 칸들과 유럽의 군주들 및 교황들은 공동의 적에 맞서 협력하기 위해 사절들을 교환했지만, 동맹을 맺을 수는 없다는 것이 입증되었다. 가장 유명한 사절이었던 랍반 사우마(Rabban

Sauma)는 대도에서 태어난 네스토리우스 기독교도로 서방으로 성지 순례를 떠났지만 맘루크조가 이 지역을 통제하고 있어서 그 꿈을 이룰 수 없다는 사실만 깨달았다. 그는 서아시아에 머물기로 결심하고는 대규모 네스토리우스 기독교 공동체에서 지냈다. 1287년에 일 칸 아르군은 랍반 사우마의 기독교 신앙 덕분에 서방에서 응당 환대를 받을 것이라고 확신한 양, 맘루크조에 맞서 유럽인들과의 또다른 연합 군사 원정을 제안하기 위해 랍반 사우마를 유럽으로 보냈다.

랍반 사우마는 콘스탄티노플에서 비잔티움 제국 황제를, 보르도에서는 잉글랜드의 왕 에드워드 1세(Edward I)를, 파리에서는 프랑스의 왕 필리프 4세(Philip IV, 공평왕)를, 로마에서는 교황 니콜라우스 4세(Nicholas IV)를 알현했고, 그 결과 맘루크조에 대항할 십자군 관련 협약을 성사시킨 것으로 믿었다. 그러나 그는 지나치게 낙관적이었음이 판명되었다. 에드워드 1세는 웨일스에서의 불안에 직면해 있었고, 필리프 4세는 신성로마제국 및 아라곤(Aragon)과의 교전 상태에 있었을 뿐 아니라 교황 및 에드워드 1세와도 불안정한 관계를 이어가다 급기야 잉글랜드 왕과의 전쟁(1294~1298년)을 불러일으켰다. 또한 유럽인들은 몽골족을 완벽하게 신뢰하지는 않았다. 랍반 사우마의 사절이 세계사의 흐름에 영향을 끼쳤을 수도 있겠지만, 실제로 그러지는 못했던 것이다. 하지만 랍반 사우마는 자신의 여행에 대한 귀중한 기록을 남겼는데, 이는 별로 알려지지 않은 유럽의 동방에 대한 초기 관념들 중 일부를 밝히고 있다.

일 칸들은 원 제국과 훌륭한 관계를 지속적으로 유지했고, 이는 세계적인 교류를 위해 지극히 중요한 일이었음이 확인되었다. 몽골 치하의 두 영역은 바다와 육지를 통해 서로 교역을 했다. 그들은 다양한 물품들 중에서도 특히 비단, 구리, 진주를 거래했고, 상대의 궁정으로 공식적인 사절을 파견했다. 더욱 중요한 것은 이란인들과 아랍인들이 중국에 도착했고, 소수의 중국인들이 일 칸국에 당도했다는 사실이다. 이로써 일어난 문화적 전파는 인상적이었다. 중국의 의사들이 일 칸국에 도착해서 몽골 궁정의 일부 구성원들을 치료했다. 일 칸국의 재상들은 중국의 의학 서적을 이란어로 번역하도록 지시했다. 일부 서아시아 사람들은 중국의 대황(大黃, 이는 여뀟과의 여러해살이풀로, 뿌리가 소화불량 등을 치료하는 약제로 사용된다. 칭기즈 칸의 서하 원정 때 야율초재가 이 대황으로 수만 명의 군사를 살렸다는 기록도 보인다—옮긴이)이 특히 위장장애 치료에 효험이 있음을 알게 되었는데, 이 식물은 이후 17~19세기 중국-러시아 교역에서 필수 품목이 되었다. 쌀을 포함해서 중국의 씨앗과 작물들이 서아시아 농경에 도입되고 이란과 중동의 요리에도 들어갔다. 거꾸로 서아시아의 지도들은 유라시아에 대한 중국과 고려의 관념에 영향을 끼쳤던 것으로 보인다(조선 초기에 제작된 세계지도인 '혼일강리역대국도지도混一疆理歷代國都之圖'가 이를 보여주는 대표적인 사례라고 할 수 있다—옮긴이). 원 조정의 관료들은 무슬림 및 네스토리우스 기독교도 의사들을 등용했고, 쿠빌라이는 이란인과 무슬림의 전문기능을 확보하기 위해 회회사천대를 설치했다. 그러나 중국과 이란의 천문학, 의학, 농학은 저마다의 고유한 정체성을 유지했고, 다른 문화의 이론과 실무에 대한 복제품이 되지는 않았다.

1295년에 가잔이 일 칸이 되었을 때, 그는 원 제국과의 상업적·문화적·기술적 관계를 바꾸는 새로운 정책들을 입안했다. 이슬람교로 개종한 가잔은 '술탄(Sultan)' 칭호를 취하고 동전에 아랍 문자를 사용하도록 명령했는데, 이는 그의 백성들에 대한 중요한 양보였다. 중국의 몽골 통치자들과의 접촉도 유지했지만, 그의 새로운 칭호는 자신이 더이상 대칸에 복속되지 않는다는 것을 스스로 인지하고 있음을 의미했다. 그가 네스토리우스 기독교 교회와 불교 사원의 일부를 파괴하거나 무슬림 관료들에게 점점 더 의지했던 것은 원 제국의 다민족적·다종교적인 관료들이 시행했던 것과는 다른 정책들로 이어졌다. 반면에 가잔이 이슬람교로 개종했다고 해서 그와 종교가 같은 맘루크조와의 갈등을 끝낸 것은 아니었다. 각각의 진영은 자신들이 이슬람교의 진정한 수호자라고 주장했고,

맘루크조는 가잔이 지닌 신앙의 진정성에 의문을 제기했다.

당시의 가장 중요한 자료인 라시드 앗 딘의 역사서는 가잔을 매우 긍정적인 관점에서 묘사하고 있기 때문에 그의 통치에 대해 편중되지 않게 접근하기가 어렵다. 개혁가로 묘사되고 있는 가잔은 처음으로 부정부패를 막기 위한 운동을 시작했다. 유목적 생활 방식을 선호했던 전통적인 몽골족과는 달리, 가잔은 농업에 대한 유용한 정보를 제공하고 관개 시설을 설치했다. 또한 치세 초기에 부과되었던 일시적이면서도 압제적이었던 세금이 아닌 정규적이면서도 축소된 세금을 책정하여 이란 농민들의 지지를 받고자 했다. 나아가 그는 동전 체계나 도량형을 표준화함으로써 교역을 증진시키려 했다. 이러한 방안들이 실제로 시행되었는지는 확인하기가 어렵다.

가잔은 중국의 지폐 제도를 도입하려는 시도를 포기해야만 했다. 상인들이 지폐에 대한 대가로 자기 수중의 귀금속들을 정부에 돌려주어야만 했던 것이다. 이 정책은 확실히 가치가 있는 금과 은을 몰수하면서 가치가 없는 종이를 주려는 정부의 속내가 들여다보이는 처사라며 상인들이 일 칸국에 저항했고, 실제로 조정은 이 정책을 포기할 수밖에 없었다. 일 칸국이 성공을 거두지 못한 데에는 유럽과 동아시아를 잇는 중요한 역할을 맡고 있던 이란인 상인들의 힘도 작용했음을 보여준 것이다.

라시드 앗 딘은 가잔의 개혁들이 지닌 독창성과 영향을 과장했던 것으로 보이지만, 술탄이 수피(Sufi) 교단(이슬람교의 수피는 이슬람 신비주의 분파에 해당되는데, 다른 종파와는 달리 전통적인 교리 학습이나 율법 등 경외심을 강조하는 관점에서 벗어나 신과 가까이하며 현실적인 방법을 통해 신과 합일되는 것을 최상의 가치로 여긴다―옮긴이)을 포함하여 이슬람교를 열렬히 후원했던 것은 명백한 사실이다. 그는 모스크들을 건설했고, 이슬람의 법률과 하지(Hajj, 메카 순례)를 강조했으며 코란을 공개적으로 암송하는 것을 옹호했다. 또한 자신을 위해 이슬람식 영묘(靈廟)를 건립했는데, 이는 두 개의 학교와 법률 시설, 모스크, 병원, 도서관, 그리고 분수와 연못까지 배치된 건물들의 복합체였다. 성인(聖人)을 묘사하는 듯한 라시드 앗 딘의 서술에 따르면, 가잔은 천문학, 의학, 박물학에도 아주 정통했다. 가잔은 라시드 앗 딘에게 몽골족의 역사를 집필하도록 명령함으로써 오래도록 지속될 명성을 누리게 되었고, 그 역사서는 세계사를 쓰려는 첫 시도로까지 확대되었다.

제 5 장

몽골족과 세계 2

킵차크 칸국은 몽골의 칸국들 중 가장 오래도록 유지되었지만, 실제로 러시아에 온 몽골족은 별로 없었다. 몽골 칸들은 러시아를 정복하고 통치하기 위해 투르크족 군사들과 부하들에게 의존했던 것이다. 대부분의 몽골 침입자들은 남러시아 초원에 거주하면서 초원 유목사회를 유지했다. 투르크족 군사령관, 러시아 지도자들, 그리고 정주민들은 몽골 칸들을 위해 세금을 보내고 인부들을 제공하는 한, 상당한 정도의 자유를 누렸다. 킵차크 칸국의 영역에서 몽골족의 족적이 상대적으로 적었던 점은 러시아에 대한 영향력이 그만큼 제한적이었음을 입증하는 것으로 보이지만, 그들의 영향력은 계획적인 측면과 우연적인 측면에서 모두 상당했던 것으로 드러났다. 그러나 대다수의 러시아인들은 몽골의 통치 시기가 타타르의 멍에(Tatar yoke)와 같았고, 그들의 역사에서 재난의 시대였다고 여겼다.

킵차크 칸국 치하의 러시아

1237년부터 1241년까지 몽골 군대는 러시아의 도시들을 약탈하고 파괴했지만, 이러한 도시들의 완전한 파괴를 들먹이는 러시아의 전통적인 담론은 과장되어 있다. 몽골의 침입 초기에 러시아의 목제 건물들은 대부분 큰 피해를 입었고, 이로써 몽골족은 대재앙을 일으키는 파괴자로서의 이미지를 갖게 되었다. 그러나 몽골족이 러시아와 동유럽에 대한 공격에 나설 무렵에는 몽골의 많은 지도자들이 마을과 도시들에 대한 무차별적 파괴는 역효과를 낳게 된다고 인식했다. 그들은 초기의 침입 이후 일단 교역과 경제 질서를 정상으로 회복하게 되면, 오히려 중심지들을 유지하고 재건하는 일이 상당한 이득을 가져올 것이라는 점을 깨닫기 시작했다. 그래서 몽골족에 저항했던 일부 도시들이 크게 파괴되었음을 알지만 여타 마을과 도시들은 큰 피해를 입지 않았다는 점에도 유의한 상대적으로 덜 치우친 평가도 있었다. 살해된 사람들의 수효에 대한 추산은 대체로 신뢰하기가 어렵다.

조치의 아들이자 칭기스 칸의 손자인 바투는 러시아 원정의 최고사령관으로서 위대한 지도자로 여겨졌다. 그러나 유명한 장군인 수부테이가 원정을 관장하고 전투에서 군사들을 이끌었다. 그가 거둔 대부분의 성공은 중심적인 통치 기관이 없는 다양한 국가들과 민족들로 이루어진 러시아의 통일성 결여에서 그 요인을 찾을 수 있었다. 몽골족은 소규모의 독립적인 약체 공국들을 상대했고, 이로 인해 정복이 손쉽게 이루어졌다. 바투는 볼가강 초입에서 멀지 않은 사라이에 수도를 건설했다. 그는 다른 지역들 중에서도 볼가강 상류 지역, 우랄산맥(훗날 러시아 서부와 시베리아를 나누는 분기선이 된다) 서쪽 지역, 그리고 북부 캅카스에서 새로 획득한 영토를 통치하기로 결심했다.

1245년에 바투는 사라이에 자리를 잡자마자 세금과 공물을 징수하고 다른 의무를 부과하기 위해 인구 등록을 하기 시작했다. 하지만 이는 완벽하지 않은 등록이었는데, 무엇보다 정확하고 신뢰할 수 있는 제도를 수립하는 데에 필요한 충분하고도 유능한 행정 관료들이 없었기 때문이다. 그의 군대는 대부분 러시아의 중심지 외부에 있는 초원에 계속 주둔하면서 러시아 백성들에 대해 직접 간섭을 하지는 않았지만, 바투는 몽골의 지도자들에게 세금이 정규적으로 보내지는 것을 보장하기 위해 중요한 도시와 마을들에 바스칵(basqaq, 몽골이 정복 지역을 감독하기 위해 파견한 관리를 몽골어로 다루가치라고 하고, 투르크어로는 바스칵이라고 한다. 러시아에서는 다루가치보다는 바스칵이라는 용어를 주로 썼다―옮긴이)이라고 불린 재외(在外) 감독관을 파견했다.

그러나 상대적으로 경험이 부족한 관료들이 호구조사를 완료하기까지 2년이 경과했는데, 이때 러시아 공국들로부터의 상당한 저항에 직면했다. 이 호구조사는 바투의 초기 조사보다는 더욱 포괄적인 것이었고, 오직 성직자들만이 세금을 면제받는 자격을 얻었다. 이제 킵차크 칸국은 농업, 수공업, 상업에 대해 적절한 세금을 징수하고 병사들을 선발하며 역참에 충원하는 것을 포함한 강제 노역의 의무를 배분할 수 있게 되었다. 비록 킵차크 칸국의 칸들은 초기에는 가능한 한 많은 세입을 얻고자 개인 차원에서 세금 징수자들을 등용했지만, 결국에는 이 정책이 주민들의 반감을 산다고 확신했다. 이후 그들은 징세에 정부 관료들을 활용하기 시작했다.

형 바투를 계승하여 칸이 된 베르케(바투가 사망한 후, 동생 베르케가 곧바로 계승한 것은 아니었다. 바투의 아들 사르탁Sartaq이 즉위했다가 얼마 지나지 않아 사망했고, 사르탁의 아들 울락치Ulaghchi가 뒤를 이었으나 역시 곧 사망했다. 울락치가 사망하자 베르케가 칸이 되었다―옮긴이)는 여러 해에 걸쳐 킵차크 칸국의 정책들을 입안했다. 그는 이슬람교로 개종했는데, 이는 이란의 몽골족들과 전쟁을 벌인 요인이 되었다. 베르케와 일 칸국 사이의 갈등에는 종교의 차이보다는 영토적·경제적 분쟁이 결정적으로 작용했지만, 종교의 차이도 한 요인으로서 무시할 수는 없다. 그들은 아제르바이잔을 놓고 다투었는데, 베르케는 칭기스 칸이 아버지 조치에게 준 땅의 일부라고 여긴 지역에 일 칸의 세력이 들어선 것에 분개했다. 그래서 1259년부터 일 칸들과 갈등 관계에 있던 무슬림인 맘루크조와 자진해서 동맹을 맺었다. 그의 계승자들도 이란과 중동에 있는 몽골 사촌들에 대해서는 줄곧 적대적이었다.

일 칸국과의 갈등이 지속되는 와중에도 러시아의 킵차크 칸국 지도자들은 그들의 땅에서 교역을 증진시키기 시작했다. 사라이의 수도는 그들이 초원에서의 익숙한 유목 생활 방식만이 아니라 도시 경제도 중시했음을 보여주었다. 그들은 이전 시기보다 상인들을 더욱 우대했고, 스스로 동전을 주조하기 시작했다. 도시 카파는 제노바의 교역 기지가 되었고, 타나는 베네치아의 교역 기지가 되었다. 우르겐치, 그리고 나중에는 모스크바가 성장하여 번영을 누렸다. 14세기 초까지는 대략 140개의 도시들이 세워졌다.

킵차크 칸국이 채택한 정책들은 동아시아와 중동에 있는 몽골 국가들의 그것과 유사했다. 교역을 후원하면서 갖가지 물품들 중에서도 특히 비단, 도자기, 유리를 구하려 했고, 금 제품을 포함하여 그들이 제조한 물품들을 수출했다. 이러한 교역에 힘입어 _그_늘은 유라시아의 네트워크에 자리잡게 되었고, 나중에는 북유럽, 폴란드, 이탈리아의 도시국가들, 나아가 남유럽과 더 멀리는 중국의 민족들과도 교역을 하게 되었다. 다른 곳에 있는 몽골 지도자들처럼, 킵차크 칸국은 통치자들의 기호를 충족시킬 수 있는 원주민 및 이란인 수공업자와 장인들을 선발했다. 그 결과 금과 기타 금속들, 도자기, 보석, 타일을 다루는 솜씨는 최고 수준에 달했다.

킵차크 칸국도 외국의 종교에 대해 관용을 베풀고 후원했다. 바투의 손자인 뭉케 테무르(Möngke Temür, 재위 1267~1280)는 러시아 정교회를 인정했고, 그 수도원장과 성직자들의 세금을 면제해주었다. 14세기 초에는 많은 수의 몽골족이 이슬람교로 개종했지만 정부는 정교회를 차별하지 않았다. 킵차크 칸국의 이러한 후원에도 불구하고, 정교회는 몽골의 지배에 저항했다.

14세기 초에 킵차크 칸국 지도자들 사이에서 무슬림이 되는 사람들이 늘어나고 이와 비슷하게 가잔과 다른 일 칸들도 이슬람교로 개종하면서 두 몽골 영역 간에 빚어진 충돌이 한동안 멈추게 되었다. 킵차크 칸국의 칸인 톡타(Tokhta, 재위 1291~1312)와 이란에 있는 그의 상대인 울제이투(Öljeitü)는 우호적인 관계를 강화했다. 비록 각각은 아제르바이잔이 자신들 영역의 일부라고 주장했지만 말이다. 이 두 통치자들이 평화적인 관계를 완전히 다진 것은 아니었지만, 적대관계가 잠시 중단된 것은 양측 모두에게 이익이 되었다. 킵차크 칸국에서는 톡타의 조카 우즈벡(Özbeg, 재위 1313~1341)이 즉위하면서 몽골 지배의 전성기를 위한 무대가 마련되었다. 독실한 무슬림이었던 우즈벡은 교역을 지원하고 예술을 후원하고 새로운 도시들을 건설했는데, 이는 관료들, 상인들, 장인들의 번영을 불러왔다. 하지만 자신의 재위 기간에 일 칸국과의 갈등이 재개되었고, 제노바와의 교역 분쟁은 이전의 친밀한 관계를 훼손했다.

중앙아시아의 혼란

칭기스 칸이 아들 차가다이 칸에게 물려준 중앙아시아의 칸국은 몽골이 통치한 지역들 중에서 유달리 연구가 잘 이루어지지 않은 곳이다. 그리고 일부 측면에서는 가장 불안정하고 논란을 불러일으키는 곳이었다. 초원 유목민들과 오아시스의 도시 거주자들로 이루어진 이 지역은 초보적인 농업 경제의 뒷받침 속에 실크로드 교역에서 중요한 역할을 담당했다. 몽골 지배 시대 전체에 걸쳐 이 지역 주민들은 점점 더 많이 이슬람교로 개종했다. 칭기스 칸은 이 지역을 정복했지만,

우구데이와 차가다이는 이 영역을 다스리고자 했다. 우구데이는 몽골의 침략 기간에 황폐해져버린 이 지역의 경제를 되살리기 위해 마흐무드 얄라바치(Mahmud Yalavach)라는 이름의 무슬림을 등용했다. 마흐무드 얄라바치는 아무 다르야강과 시르 다르야(Syr Darya)강을 따라 관개 수로를 정비했는데, 이는 중앙아시아의 오아시스와 도시들에는 꼭 필요한 물줄기였다. 사마르칸트, 부하라와 그 밖의 도시들이 복구되면서 중앙아시아를 거치는 실크로드 교역이 다시 살아날 수 있었다. 1230년대 중반에 농업과 교역이 되살아나자 마흐무드 얄라바치는 정규적인 세금을 부과하면서 칸국의 재정을 위한 안정적 기반을 마련했다. 이러한 성공에도 불구하고 그는 차가다이 칸의 눈 밖에 났는데, 무엇보다 그가 우구데이의 대리인이었기 때문이다. 우구데이는 형 차가다이의 반대에 응하여 1239년에 마흐무드 얄라바치를 해임했다. 그러나 이후 우구데이는 마흐무드의 아들인 마수드 벡(Masud Beg)을 중앙아시아에서 자신의 대리인으로 임명했다. 새로 임명된 마수드 벡은 상대적으로 저자세를 유지했고, 1289년에 죽을 때까지 다양한 임무를 수행하면서 아버지가 착수한 주요 경제 정책들을 꾸준히 시행해나갔다.

그러나 이와 같은 성공이 차가다이 칸국이 시행한 다른 정책들의 특징이 되지는 않았다. 1270년대에 이르러, 차가다이 칸국의 지도자들은 수많은 전선(戰線)에서 전쟁을 치렀다. 우구데이의 손자 카이두는 우유부단하게 통치하던 칸에게 오늘날의 신강(新疆)에서 가축을 방목하고 숙영할 권한을 놓고 쿠빌라이 칸을 상대로 도전하도록 설득했다. 오늘날 신강 지역은 원 제국과 차가다이 칸국 사이의 경계 지역이었다. 카이두가 1301년에 죽을 때까지 30여 년 동안 분쟁이 지속되었다. 쿠빌라이는 휘하에 중국의 자원을 확보하고 있었기 때문에 전쟁으로 인해 그의 제국이 별다른 피해를 입지는 않았다. 그러나 자원을 보유하지 못했던 차가다이 칸국은 실제로 전쟁으로 인해 피해를 입었다.

또한 칸국은 차가다이와 카이두의 후손들을 포함하여 '칸'의 칭호를 취하고자 했던 여러 인물들 사이의 내분으로 인해 혼란을 겪었다. 그럼에도 불구하고 1320년대에 이르러 차가다이 칸국은 원 제국이 신강의 일부를 강제로 포기하게 만들었다. 그러나 원정에는 상당한 비용이 들어갔다. 이와 동시에 차가다이 칸국은 서아시아의 일 칸들과도 영토를 놓고 다투었는데, 이는 그 자체로 추가적인 어려움을 안겼다. 이렇게 지속된 전쟁은 그 지역의 오아시스들에 의존하던 도시와 실크로드 교역을 지탱하던 농업에도 피해를 입혔다. 유약하고 무능한 칸들은 중앙아시아의 칸국에 혼란을 더했다. 1370년대에 이르러 칸국은 취약해졌는데, 14세기 후반에 이런 약점을 이 지역 정복에 활용했던 인물이 바로 위대한 정복자 티무르였다(티무르는 14세기 후반에 등장하여 중앙아시아와 서아시아를 중심으로 강력한 제국을 세운 정복자로, 영어로는 주로 'Timur'보다는 'Tamerlane'이라고 표기되는 경우가 많다. 'Tamerlane'은 절름발이 테무르Temur the Lame를 줄여서 표기한 것이다. 티무르는 전쟁중에 한쪽 다리를 다쳐 절름발이로 살았기 때문에 이런 별명이 붙은 것이었다. 실제로 소련에서 티무르의 묘를 발굴한 결과, 그의 한쪽 다리가 짧았음이 판명되었다―옮긴이). 그는 허명뿐인 지도자로 칸을 계속 두었지만 말이다.

몽골족과 유럽

군주들과 교황, 상인들을 포함한 서유럽 사람들은 1237년에서 1241년에 걸쳐 이루어진 몽골의 러시아, 헝가리, 폴란드 침입 사실을 재빨리 알아차리고 자신들의 땅으로도 진격해올 가능성이 있음을 우려했다. 1245년에 교황 인노켄티우스 4세(Innocent IV)는 유럽에서 단합된 대응을 펼치고자 리옹 공의회를 소집했다. 동방에서 온 침입자들이 공식적인 사절을 해치지는 않을 것임을 중동에 머물던 유럽인들로부터 알게 된 후, 공의회에 모인 지도자들은 몽골족에게 몇몇 사절들을 파견했다. 교황은 사절단 중 하나를 이끈 프란체스코회 수도사 플라노 카르피니의 요한을 통해서 두 통의 서신을 전달했는데, 거기에서 몽골족에게 기독교도의 땅을 공격하는 것을 멈추고 기독교로 개종할 것을 요청했다. 요한은 우선 킵차크 칸국의 수도인 사라이에 도착했고, 이후 몽골리아의 새로 즉위한 대칸 구육의 궁정을 향해 먼길을 떠났다.

교황의 서신을 불쾌하게 여긴 구육도 역시 서신으로 응대했는데, 그는 기독교로 개종하기를 거부한 채 교황과 유럽의 군주들이 자진해서 복속하도록 요구했다. 그는 서신에 "너 스스로가 왕들의 수장이니 너는 즉시 모두와 함께 우리에게 와서 복속해야 한다.…… 그리고 신의 명령을 네가 받아들이지 않고 우리의 명령과 반대로 행동한다면, 우리는 너희를 적으로 여길 것이다"라고 적었다. 요한의 사절은 바라던 결과를 이루지 못했다. 몽골족은 기독교로 개종하지 않았고, 유럽인들과 평화로운 관계를 만들어가겠다고 선언하지도 않았던 것이다. 그러나 그가 바티칸에 제출한 보고서는 몽골족의 군사와 문화에 관한 정보를 제공함으로써 사절의 임무에 실패한 것을 상쇄하고도 남았다. 교황과 유럽의 군주들은 몽골의 전술과 무기에 대한 그의 서술에 흥미를 가졌는데, 이는 요한 스스로의 관찰과 타인의 보고서로부터 수집한 내용이었다. 훗날의 역사가들은 그가 몽골의 관습, 생활 방식, 예식에 관해 묘사한 내용의 진가를 인정했다. 그의 겸손한 보고서는 몽골족이 식탁보나 냅킨을 사용하지 않고 접시를 씻지도 않는다고 밝혔는데, 그는 이를 세련되지 않은 야만적인 행태라고 여겼다. 그는 또 몽골의 군주들이 우유나 음식을 쏟거나 버리는 경우, 혹은 어린 새를 죽이는 몽골 사람이나 외국인은 재빨리 처형했다고 기록했다.

유럽의 군주들과 지도자들 중 일부는 초기의 십자군들처럼 성지 탈환을 간절히 바랐고, 1240년대 후반에서 1250년대 초에 러시아와 이란에 있는 몽골족과 계속 사절을 교환했다. 그리고 프란체스코회 수도사 기욤 드 뤼브룩은 몽골의 궁정을 방문한 가장 잘 알려진 유럽인이 되었다. 프랑스의 왕 루이 9세의 지원을 받은 기욤은 몽골의 수도에 도착했지만, 몽골족으로부터 군사적 원정을 계속하지 않겠다는 서약을 받아내지는 못했다. 실제로 뭉케와 나눈 대화는 전혀 호의적이지 않았다. 심지어 그는 뭉케의 궁정에서 다른 종교들을 대변하는 성직자들과 논쟁을 벌였고, 몽골족 내에 존재하는 네스토리우스 기독교도들에 대해 유달리 비웃으면서 기록한 첫 유럽인이 되었다.

이러한 '이단의' 기독교도들을 무지하면서도 몽골의 정책에 지나치게 영향을 끼치는 부류로 묘사하면서 그는 네스토리우스 기독교도들이 칸과 그의 궁정에 해악을 끼칠 수 있는 독약을 조제하고 있다고 비난했다. 이러한 기록은 루이 9세에게 몽골의 음식, 종교(샤머니즘과 불교 포함), 의복에 관한 귀중한 정보를 제공했다. 그는 술의 일종인 코모스(comos, 몽골어로는 아이락airagh)를 제조하는 과정을 비교적 상세하게 서술하면서 몽골이 소비하는 엄청난 양의 술에 경멸감을 표했다. 한편으로 그는 수레를 몰고 야크 젖을 짜며 신발과 옷을 만들거나 동물들을 돌보고 펠트를 제작하는 몽골의 여성들에 깊은 인상을 받기도 했다. 이와 비슷하게 그는 금으로 덮인 칸의 정교한 옥좌를 포함하여 궁정에 있던 아름다운 물건들에 대해 긍정적으로 평가했다.

1256년에서 1259년에 걸쳐 벌어진 훌레구의 서아시아 침입과 점령은 몽골족이 유럽에 도달하기 위해서는 지중해만 건너면 된다는 것을 의미했다. 훌레구가 새로운 대칸의 선출에 참석하기 위해 동쪽으로 이동하면서 아인 잘루트에 남겨놓은 소규모 부대는 맘루크조에 패배했는데, 이는 훌레구와 이후 일 칸들이 이집트의 맘루크 지도자들과 싸우기 위해서는 동맹이 필요하다는 점을 납득시켰다. 훌레구의 일 칸국과 성지 및 시리아에 있던 십자군 국가들 사이의 상호 교류가 동맹으로 이어지지는 못했는데, 그 이유는 유럽인들이 동방에서 온 침입자들을 신뢰하지 않은 데에 있었다. 기독교를 싫어하는 야만인이라는 몽골족의 이미지 때문에 맘루크에 대항하기 위한 어떠한 협약도 성사되지 못했던 것이다. 그러나 일 칸들, 특히 훌레구의 아들 아바카는 유럽으로 시선을 돌렸고, 공동의 이슬람교도 적수에 맞서는 연합 공격을 제안하기 위해 몇 차례 사절단을 파견했다. 아바카의 후계자들은 연맹을 추구하는 정책을 견지했지만, 그들의 노력이 특정한 협약으로 성사되지는 못했다.

이후 일 칸국의 사절들도 같은 운명을 맞이했다. 협상에 대한 그리 달갑지 않은 반응은 유럽이 통일되어 있지 않은 사정을 부분적으로 반영했다. 유럽 지도자들 사이의 갈등은 맘루크조에 맞서 지속적인 원정을 수행하려면 몽골족과 협력해야 한다는 십자군 관련 요청을 무산시켰다. 교황들에 대한 신성로마제국의 적대감, 잉글랜드의 왕 에드워드 1세를 향한 웨일스의 반란, 잉글랜드의 군주와 필리프 4세 사이의 계속되는 긴장은 모두 이 지역의 가장 유력한 무슬림 국가와 상대하기 위한 공동 연맹의 결성을 가로막았다. 또한 유럽의 지도자들은 몽골족을 신뢰할 수 있는 상대로 여기지 않았다. 일부 지도자들은 맘루크조를 격파하면 몽골족이 유럽으로 공격의 시선을 돌릴 것이라고 믿었다. 무엇보다도 동방의 침입자들은 이전에 폴란드와 헝가리를 침입했고, 러시아의 대부분을 공략했다. 몽골족은 원정을 계속하려고 작정한 것 같았다. 무엇이 이전의 동맹에 대한 그들의 공격을 막을 수 있을까? 유럽인들은 배신에 대한 두려움 때문에 몽골족과의 어떠한 협력에도 신중한 태도를 취하게 되었다. 그러나 몽골의 지원이 없으면, 팔레스타인과 시리아에 있는 십자군 세력은 공격에 취약할 수밖에 없었다. 1291년에 맘루크조는 아크레를 제압했고, 이로써 비록 유럽의 존재까지 사라진 것은 아니었지만 이 지역에 대한 유럽의 통제는 종결되었다.

아크레의 붕괴로 인해 이 지역에서 유럽인들이 쫓겨난 것은 아니었고, 몽골족과 유럽인 사이의 접촉이나 관계가 완전히 끊어진 것도 아니었다. 베네치아와 제노바 사람들을 포함한 유럽인들은 몽골족과 계속 교역을 했는데, 13세기 중반에 시작된 이 교역은 중요한 의미를 지니게 되었다. 1260년대에 이르러 유럽의 상인들은 중국까지 도달했다. 당시 사람들은 상인들의 활동에 별로 주목하지 않았기 때문에 상거래(물량, 가격, 조건)를 직접적으로 다룬 기록이 드물다. 그런데 14세기 피렌체의 상인으로 아시아에 발을 들여놓지도 않았던 프란체스코 발두치 페골로티(Francesco Balducci Pegolotti)는 유럽에서부터 중국에 이르는 여정을 훌륭하게 서술했다. 이 기록은 물자의 가격, 상단(商團) 구성에 필요한 사람들과 동물들의 구체적인 숫자, 도시와 오아시스 사이의 거리에 대한 정보 등을 제공했다. 마르코 폴로와 그 밖의 여행자들은 상인들이 도중에 비단이나 향신료, 금으로 된 직물(나시즈, 'nasij'는 페르시아어로 직물을 짜는 사람을 일컫는데, 몽골제국 시기에는 금사를 사용하여 만든 직물을 가리키는 의미로 사용되었다. 한문 자료에 납석실納石 失 등으로 표기되는 것 역시 나시즈를 가리킨다―옮긴이), 모피, 수 은, 귀금속, 향료를 구입할 수 있었다고 기록했다. 베네치아와 제노바의 교역자들은 일 칸국이 멸망하고 원 제국이 반란들 에 직면하는 14세기 중반까지 중국과 계속 거래했다. 간헐적 인 갈등들에도 불구하고, 제노바 상인들은 킵차크 칸국이 쇠 퇴하고 흑사병이 유럽을 삼켜버리는 15세기 초기 및 중기까 지 모피, 가죽, 노예를 러시아와 계속 교역했다.

마르코 폴로는 중국을 여행한 가장 유명한 여행가이자 상 인이었다. 그의 아버지 니콜로 폴로(Niccolo Polo)와 삼촌 마페 오 폴로(Maffeo Polo)는 1260년대 초에 쿠빌라이의 궁정에 도 착했다. 그들이 고향 베네치아로 돌아가기 전, 쿠빌라이는 성 묘(聖廟)의 기름과 함께 100명의 박식한 기독교도들을 데려 오도록 요청했다. 아마도 그리하면 쿠빌라이의 백성들을 기 독교로 개종시키는 데에 도움이 될 것이라고 그들은 생각했 겠지만, 쿠빌라이로서는 박학다식한 기독교도들을 중국 지배 를 위한 관료로 복무시키기를 원했을 가능성이 높다. 1275년 에 그들은 마르코 폴로와 함께 중국을 다시 방문했고, 마르코 폴로는 이후 16년 동안 칸을 위해 봉사했다.

마르코 폴로의 모험과 관찰에 대한 기록은 그가 제노바 의 감옥에 있을 때 루스티켈로(Rusticello)라는 이름의 작가에

8. 유럽인이 그린 이 그림에서 서양인의 모습으로 묘사된 쿠빌라이 칸이 마르코 폴로
   일행을 만나고 있다. 거의 모든 유럽인들처럼, 화가는 동아시아 사람들을 결코 본
   적이 없었다.

게 자신의 경험을 구술하면 루스티켈로가 받아 적어서 탄생한 것인데, 이는 세계적으로 가장 유명한 책들 중 하나가 되었다. 마르코 폴로의 책을 접한 새뮤얼 타일러 콜리지는 「쿠블라 칸」이라는 시를 쓰게 되었고, 이 시에는 상도(시인은 '제너두'라고 불렀다)에 있던 칸의 '호화 저택'에 대한 공상적인 해석도 포함되었다. 상도뿐 아니라 석탄 난방, 지폐, 잘 정비된 도로, 만주와 동남아시아에 대한 군사 원정, 교역과 상인 등에 대한 마르코 폴로의 묘사는 중국의 역사서들에서 발견되는 내용들과 일치한다. 세계적으로 가장 인구가 많은 도시였던 항주에 대해 위압감을 느꼈다는 그의 서술은 특히 주목할 만하다. 운하는 서호(西湖)에 면해 있어 그야말로 장관이었고, 가장 뛰어난 중국 요리를 제공한 항주의 식당들은 마르코 폴로를 매혹시켰다. 비록 마르코 폴로가 쿠빌라이의 궁정에서 수행한 자신의 역할에 자만심을 품었고 한자와 차(茶), 전족(纏足)과 같은 중국 문화의 독특한 면모를 기록에서는 언급하지 않았지만, 그는 분명히 중국에 몸을 두고 있었다.

마르코 폴로와 그 밖의 상인들이나 성직자들이 몽골 세계로 여행한 일의 명백하면서도 즉각적인 영향은 비록 제한적이었던 것으로 보이지만, 더욱 오랜 시간에 걸쳐 축적된 영향력은 훨씬 실질적이었다. 많은 유럽인들은 처음에는 마르코 폴로의 여행기 내용을 믿지 않았지만, 그의 기록은 동아시아와 남아시아로 가는 바닷길을 개척하고자 했던 유럽의 모험가들과 탐험가들을 자극했다. 실제로 크리스토퍼 콜럼버스 (Christopher Columbus)는 자신의 중요한 항해 때에 이 텍스트의 복사본을 가지고 있었고 자신의 선박들이 동방으로 향하고 있다고 믿었다.

유럽인들은 몽골족에 의해 전해지는 동아시아와 남아시아의 물품들을 얻고자 했고, 아시아로 가는 바닷길을 개척하고자 했으며, 결국 그 바닷길을 발견했다. 이 발견이 이루어지기 전, 그리고 선박들이 남아시아와 동아시아에 막 도착하기 시작했을 때, 유럽에 더욱 가까웠던 이슬람 국가들은 서방에 예술적인 영향을 끼쳤다. 15~16세기에 중동의 장식과 기술은 베네치아의 유리 제품과 그림에 영향을 주었다. 이슬람 세계와 유럽인들은 모두 몽골 시대에 중동에 전해지기 시작한 중국 도자기를 소중히 여겼다. 16세기에 이스탄불의 토프카프 궁전(Topkapi Palace)에는 대략 1만 2천 점의 중국 도자기가 수집되어 있었다. 이와 동시에 중국 도자기에 대한 유럽인들의 욕구도 커졌고, 부유층들은 이러한 물품들을 갈망하면서 자신들의 집을 그 물품들로 장식하기 시작했다. 유럽의 그림들은 중국 도자기의 존재와 가치를 모두 확증하고 있다.

몽골 세계와 서방의 교류는 또한 유럽에 파괴적인 결과를 가져왔던 것 같다. 몇몇 역사가들은 중국 남서부와 동남아시아에서 병균에 노출되었을 가능성이 있는 몽골족이 그 병균을 서쪽으로 옮겨오면서 유럽에 흑사병을 일으켰다고 주장한다. 이러한 주장의 근거는 터키에 있던 몽골의 진영에서 발병한 것 같다는 서술로부터 나온 것이다. 실크로드를 따라 이루어지는 교역, 여행자들을 따라다니는 감염된 설치류 동물들, 그리고 몽골족이 촉진했던 문명들 사이의 유대가 질병의 확산에 기여했던 것으로 보인다. 그러나 몽골족과 질병, 흑사병을 명확하게 연결짓기 위해서는 더욱 상세한 문헌 기록이 필요하다.

3세대 만에 몽골족은 유라시아의 주요 문명들과 전쟁을 치렀다. 그들은 중국, 러시아, 중앙아시아, 그리고 중동의 대부분을 정복했지만 일본, 자바(Java), 이집트를 정복하지는 못했고 유럽과는 대체로 호의적인 관계를 형성했다. 은, 금 혹은 다른 금속들로 만들어진 파이자(paiza, 역참을 이용하는 데에 필요한 일종의 통행증이다. 이는 패자牌子에서 나온 말로, 몽골어로는 게레게gerege라고도 했다. 금, 은, 나무 등으로 제작되었고, 사용시 신분에 따라 차등을 두었다—옮긴이)를 외국 상인들이나 선교사들, 사절들에게 주면서 몽골족은 문명들 사이의 여행과 교류를 촉진했다.

제 6 장

몽골족과 예술 그리고 문화

몽골의 통치자들은 문명들 사이의 관계를 증진시켰을 뿐 아니라 자신들이 정복했던 지역의 특정한 문화 현상들을 후원하기도 했다. 몽골족은 티베트 불교, 이슬람의 수피 교파를 지원했고 중국의 화가와 극작가, 이란의 역사가, 러시아의 금세공인들을 후원했다. 물론 이러한 후원에는 종종 정치적 현안들이 수반되었다. 몽골의 통치자들은 그들이 통치하는 중국인, 페르시아인, 러시아인, 그리고 여타 민족들이 저마다의 종교와 문화에 대해 남다른 자긍심을 드러내고 있음을 재빨리 인지했다. 몽골의 후원은 장차 자기네 백성들 사이에 정통성의 풍모를 안겨주게 되었다. 몽골의 통치자들은 또 그러한 후원에 힘입어 성직자나 장인, 예술가들의 지지를 확보할 수 있었고, 기존의 토착 지배자들과 유대 관계를 맺을 수도 있었다. 칸들과 몽골 엘리트들 역시 아름답고 사치스러운 물품들을 갈망했다. 초원에서는 상대적으로 단순한 가정을 꾸리고 있었지만 자신들과 말들을 위한 장식품에 대해서는 익히 알고 있었는데, 여기에는 중국의 비단과 그들이 스스로 만든 금으로 된 제품들이 포함되었다. 물론 러시아의 교회와 바그다드의 모스크 및 중국 황실의 무덤들을 파괴한 행위는 잊히지 않았고 잊힐 리도 없지만, 몽골족이 예술과 문화에 기여한 바는 대체적으로 큰 주목을 받지는 못했다.

원 제국에서 펼쳐진 문화와 예술의 르네상스

쿠빌라이는 자신의 영역에서 우선 무슬림들과의 관계를 공고히 다지기 위해 노력했는데, 무엇보다 중국을 지배하는 데에는 그들의 도움이 필요했기 때문이다. 그들은 세금 징수자 및 재정 관리인으로서의 귀중한 능력을 보유하고 있었다. 쿠빌라이는 그들 나름의 지도자와 재판관에 의한 통치를 포함한 특별 권한을 그들에게 주면서 중앙아시아와 페르시아의 무슬림들을 등용하려 했다. 그는 모스크 건립 자금을 지원했고, 심지어 새로 정복한 운남성(雲南省)의 통치자에는 중앙아시아 출신 무슬림인 사이드 아잘 샴스 앗 딘(Saiyid Ajall Shams al-Din)을 임명했다. 이런 우호적인 정책 덕분에 실크로드 상의 교역을 유지하기 위해 필요했던 무슬림 상인들과 의사들, 천문학자들, 장인들이 중국에 넘쳐나게 되었다.

쿠빌라이는 결코 특정한 종교를 신봉하지 않았지만, 불교에 매료되었다. 선종(禪宗)의 승려가 그에게 불교의 교훈들을 가르쳤는데, 쿠빌라이는 첫째 아들에게 티베트식 이름을 지어주었다(페르시아어 사료에 따르면, 쿠빌라이의 첫째 아들 이름은 도르지Dorji이다. 도르지는 어렸을 때 세상을 떠났기 때문에 쿠빌라이는 차남인 진김을 황태자로 삼았다. 티베트어로 도르지는 금강저金剛杵, 천하무적, 보석 등의 뜻을 가진 단어이다―옮긴이). 아마도 티베트 불교와 접촉했기 때문이었을 것이다. 쿠빌라이는 몽골족을 위한 종교로 티베트 불교가 최선임을 재빨리 깨달았다. 티베트 불교는 주술적이면서 내밀한 방식으로 메시지를 전달하는 것을 강조했고, 가장 중요하게는 정치에 관여하는 것을 인정했는데 그것이 쿠빌라이의 황제 즉위에 정당성을 부여할 수 있었다. 또한 쿠빌라이는 티베트 불교 승려인 팍빠 라마에게 궁정으로 들어오도록 권유하면서 자기 아내인 차비를 가르치게 했다. 1260년에는 티베트의 성직자를 새로운 지위인 국사(國師)에 임명했고, 이듬해 초에는 팍빠를 불교 성직자의 수장으로 지명했다. 팍빠는 쿠빌라이를 만주스리(Manjusri, 문수보살)의 환생으로 선언하고 차크라바르틴

(Chakravartin, 전 세계의 왕)이라는 칭호를 부여함으로써 자신의 후원자에게 보답했다. 이는 불교 안에서 쿠빌라이의 지위를 보여주는 중요한 명칭이었다. 이후 팍빠는 불교와 연관된 궁정 예식을 제안했고, 쿠빌라이는 승려들에게 세금 면제의 자격을 주고 수도원과 사원들의 건립이나 예식에 필요한 물품과 조각상을 제작하는 데에 드는 상당한 비용을 기부하면서 불교도들의 환심을 사고자 했다.

몽골족은 훌륭한 장인들의 솜씨를 항상 높이 평가했다. 아름답고 유용한 물품을 우대함으로써 쿠빌라이는 중국에서 예술을 후원하는 기회를 누릴 수 있었다. 다만 몽골이 통치하는 영역 내의 특정한 지역을 넘어서는 문화적 사업들을 후원해야 했다. 중국의 문화에 너무 가깝게 일체화되는 것은 몽골의 유산을 지나칠 정도로 열렬하게 진흥시키는 것만큼이나 해로운 일이었다.

제국의 공식 문자에 대한 쿠빌라이의 접근 방식은 다민족·다언어 환경을 가진 영역에서 그 자신을 만국의 군주로서 표현하기 위한 노력을 보여주었다. 그는 이 거대한 문명을 운영하기 위해서는 쓸모 있는 문자가 필수적이라는 사실을 알게 되었다. 할아버지 칭기스 칸은 위구르 문자에 기반을 두고 몽골 문자를 개발하라는 명령을 내렸다. 그러나 세계를 지배하려는 포부를 가진 쿠빌라이는 여타 언어들 중에서도 중국어를 전사(轉寫)할 수 있고 중국식의 이름, 호칭, 관직의 중국어 발음도 나타낼 수 있는 문자를 필요로 했다. 위구르 문자는 중 국어를 정확하게 전사하는 데에는 아주 부적합했다. 게다가 쿠빌라이는 자신의 영역을 통합하고자 이 공식 문자를 활용 하려고 했고, 다양한 언어들을 표기하기 위해 공식 문자를 채 택하려고 했다.

그는 팍빠 라마에게 새로운 문자를 개발하라는 명령을 내 렸고, 이 티베트 성직자는 1269년에 그 문자를 궁정에 선보였 다. 쿠빌라이의 영역 내에서 쓰이던 수많은 언어들을 표기하 는 데에 이상적인 이 알파벳이 창제된 것에 기뻐한 쿠빌라이 는 이 문자를 궁정의 문서에 사용하고 제국의 주된 문자로 사 용하라는 명령을 내리면서 이를 국자(國字)라고 지칭했다. 그 러나 쿠빌라이의 노력과 그의 거듭된 권고에도 불구하고, 팍 빠 문자는 결코 위구르 문자나 한자를 대체하지 못했다. 이 점 에서는 중국인 혹은 몽골족이 팍빠 문자를 사용하도록 유도 하기가 지난한 일이었음이 드러났다. 그래서 잔존한 팍빠 문 자의 대부분은 파이자(통행증)나 지폐, 도장, 도자기에 새겨진 것들이다.

몽골족과 쿠빌라이는 또 중국 희곡의 열렬한 후원자였다. 송 제국과 원 제국에서는 도시들의 성장이 희곡의 황금시대 를 위한 좋은 환경을 제공했고, 그에 따라 연극이 이 시기에

9. 쇠로 만들어지고 은이 상감된 이 통행증은 몽골의 영토 전역을 제한받지 않고 여행할 수 있는 허가의 표시였다. 통행증에는 티베트 승려인 팍빠가 창제한 문자가 새겨져 있다.

번성하게 되었던 것이다. 극단(劇團)이 노래, 춤, 마임, 곡예로 구성된 공연을 올렸고, 이는 몽골족을 포함한 수많은 관객들의 마음을 움직였다. 쿠빌라이 자신도 몇몇 극단들을 궁정으로 초청해 공연을 즐겼고, 일부 극작가들을 후원했다. 그러나 쿠빌라이와 그의 몽골 부하들이 원대 연극의 발전과 성공에 기여한 것으로 보아서는 안 된다. 중국의 극작가들은 자신들의 예술적 창조물을 만들었던 것이다. 그래도 몽골족은 연극의 제작을 재정적으로 지원했고, 쿠빌라이는 황궁의 건축물 내에 무대를 마련하기도 했다.

몽골족은 또 중국의 화가들에게도 상당한 지원을 제공했다. 특히 남중국에서는 일부 화가들이 몽골 군주들과의 어떠한 협조 관계도 단호히 거부한 채 은둔자가 되었고, 다른 일부는 유교적 관념을 수용 가능할 정도로 그림에 표출하는 쪽으로 시선을 돌렸다. 존대를 받았던 정사초(鄭思肖, 남송이 망하면서 이름을 '사초思肖'로 바꾸었는데, 이는 송 황실의 조씨趙氏를 생각한다는 의미이다. 그의 유명한 그림으로는 〈묵란도墨蘭圖〉가 있는데, 특징은 난에 뿌리가 없다는 것이다. 난의 뿌리를 감싸야 할 흙을 그리지 않음으로써 몽골의 땅에는 뿌리를 내릴 수 없다는 뜻을 우회적으로 표현했다―옮긴이)와 같은 소수의 사람들은 몽골족을 간접적으로 비판하는 수단으로 그림에 상징들을 들여놓았다. 그러나 또다른 일부 화가와 서예가들은 몽골의 후원을 받았고, 걸작들을 제작하기 위한 여분의 시간을 확보했다. 쿠빌라이는 원대의 가장 위대한 화가인 조맹부(趙孟頫)를 병부(兵部)의 한 지위에 임명했고(이는 1287년의 일로, 조맹부를 병부낭중兵部郎中에 임명했다. 조맹부는 송 태조의 아들인 조덕방趙德芳의 후예였지만, 원 조정에 출사하여 자신의 능력을 발휘했다―옮긴이), 대나무를 그리는 유명한 화가인 이간(李衎)은 이부상서(吏部尚書)로 간택했다(이간이 이부상서에 임명된 것은 인종 황제 시기인 1312년의 일이다―옮긴이). 두 사람 모두 훌륭한 그림과 서예 작품을 내놓기 위해서 상당히 자유로운 시간을 누릴 수 있었다. 인종 황제 재위 시기(1312~1320)에는 궁정의 후원과 황실의 초상화 의뢰가 최고조에 달했다.

몽골이 그림에 끼친 또다른 영향은 소재의 선택이었다. 특히 동물들이 그림의 주제로 등장했다. 조맹부의 가장 유명한 작품들 중 하나가 이양도(二羊圖, 현재 워싱턴 D.C.에 있는 프리어 미술관 소장)라는 사실은 우연이 아니다. 조맹부는 어느 정도 후원자들의 마음을 움직이고자 했는데, 말들을 묘사한 그의 많은 작품들은 몽골의 엘리트들 사이에서 큰 호응을 얻었다. 조맹부의 아들 조옹(趙雍)과 손자 조린(趙麟)은 모두 정부 관료로 근무했다. 이들은 관직 경력이나 화가로서의 부업이라는 측면에서 자신들의 뛰어난 선조인 조맹부의 뒤를 이었고, 훌륭한 통치의 상징으로서 말들을 활용했다.

여성들에게 주어진 더욱 큰 기회들 또한 중국의 그림에서 나름의 역할을 수행했다. 몽골족이 중국을 점령했을 때, 장차 작품들로 유명해질 여성들에 대한 정복자들의 관대한 태도를 잘 활용한 엘리트 여성 예술가들은 그리 많지 않았다. 조맹부의 부인 관도승(管道昇)이 그런 화가들 중 가장 사랑받은 경우였는데, 그녀가 완성한 33점의 작품들은 오사카 시립박물관, 예일대학 미술관, 메트로폴리탄 미술관과 보스턴에 있는 예술 박물관 같은 주요한 컬렉션에 보존되어 있다. 새와 꽃을 그린 그녀의 섬세하면서도 세밀한 그림은 자연과 시골을 종종 이상화한 몽골 칸들의 마음을 움직였다. 쿠빌라이 칸의 증손녀들 중 한 명이었던 셍게 라기(Sengge Ragi)는 중국의 그림을 열렬하게 찬미했고, 황궁의 컬렉션에 꽤 많은 예술 작품이 모이는 데에 기여했다.

몽골족은 중국의 도자기 제조업을 높이 평가하면서 후원하기도 했는데, 어느 정도는 그것이 수입의 원천이기 때문이었다. 몽골의 관료들은 경덕진(景德鎮)을 중심으로 하는 청화백자 생산의 관리자로서 활동했고, 중국의 도공들과 서아시아 소비자들 사이를 연결하는 중개인으로 활약했다. 중국인과 중동 사람들 모두 이 도자기들을 위한 시장을 열었다. 몽골족은 멀리 떨어진 지역에 있는 잠재적인 고객들의 마음을 사로잡을 수 있는 모양과 장식 무늬에 대한 정보를 제공하면서 중국인 도공들에게 서아시아 쪽의 취향을 알려주었고, 이를 통해 중동의 소비자들을 만족시켜 도자기가 서아시아로 확실히 수출될 수 있도록 했다. 몽골족은 중국인들에게 거대한 그릇을 제작하도록 지시했는데, 무엇보다 중동 사람들은 식사를 하는 개개인이 자신이 먹을 만큼을 사발에 덜어냈고 그러자면 일단 음식을 큰 그릇에 담아내야 했기 때문이다. 도자기 공방의 몽골족 경영자들도 장식이 없는 그릇과 항아리보다는 식물이나 물고기, 동물, 과일, 심지어 중국의 전형적인 용 무늬가 정교하게 그려진 것을 중동 사람들이 더 선호한다고 알려주었다. 그 결과 이스탄불의 토프카프 컬렉션에는 14세기에 입수한 40점의 청화백자가 있고, 이란의 아르데빌(Ardebil) 성묘에는 32점이 소장되어 있다.

몽골족은 또 중국 직물의 르네상스에도 기여했다. 몽골의 칸들은 중앙아시아의 직공 집단들이 중국의 직공들과 교류할 수 있도록 그들을 중국과 그 경계지대로 강제 이주시켰다. 그 결과 몽골족이 소중히 여긴 '금으로 된 직물'(나시즈)의 생산이 이루어졌다. 직공들은 몽골족의 취향에 부응하여 의복, 깃발, 불교 탱화, 텐트의 장식품 등을 만드는 데에 금사를 사용했다. 몽골족들 스스로는 사치스러운 직물들의 발전을 꾀하는 조치를 취했다. 공부(工部)에 들어선 절반 이상의 기구들이 직물 생산을 감독했고, 외국인 직공들은 중앙아시아와 이슬람의 장식들을 중국 직물에 도입했다. 남성과 여성 직공들 모두 다양한 특권을 누렸고, 이전의 다른 왕조 시기들에 비해 더 높은 지위를 누렸다. 그래서 원 제국 시기에 몽골족이 직물의 기술적·미학적 발전에 영향을 끼치고 기여했던 것은 우연이 아니다.

상도 및 대도의 건설과 같은 몽골족의 주된 건축 사업들은 공예에도 활기를 불어넣었다. 쿠빌라이는 수많은 외국인 장인들을 등용했는데, 그중 한 명인 아니코(Aniko)는 유능한 네팔인으로 팍빠 라마가 몽골 황제에게 추천한 사람이었다. 아니코는 대도에 불교와 도교 사원 및 백탑(白塔)을 건립했고, 다양한 천문학 기구들도 만들었다. 또한 쿠빌라이와 그의 부인 차비의 초상화를 그리기도 했던 것 같다.

요컨대, 몽골족은 원 제국 예술의 전성기에 수동적인 역할 이상을 담당했다. 몽골족은 일부 생산품의 소비자이기도 했기 때문에 예술가들과 수공업자들은 그들의 취향에 맞출 필요가 있었고 이는 또한 장식과 (말들과 같은) 소재에도 영향을 끼쳤다. 몽골족이 아시아의 대부분을 장악하고 장인들을 제국의 한 지역에서 다른 곳으로 이동시키면서 장식과 기술들의 확산 현상이 제법 두드러졌다. 외국인들의 취향을 알고 있던 몽골족은 또 갖가지 물품을 외부 세계와 교역하기를 원했던 장인들을 위한 지침도 제공했다. 원 정부는 장인들에게 세

금을 면제해주고 강제 노역에서도 벗어나게 해주었으며, 수
공업의 진작을 위해 수많은 공식 기구들을 설립했다. 이러한
기구들은 작업을 후원하기 위해 예술가들과 장인들에게 공식
적인 자리를 마련해주었다. 그리고 몽골족은 생산된 물품들
의 일부를 황궁 컬렉션에 보관했다.

몽골족 치하 이란의 예술과 문화

킵차크 칸국과 차가다이 칸국, 맘루크조, 그리고 때때로 반
항적인 이란 사람들로부터 위협을 받았음에도 불구하고, 일
칸 훌레구는 문화 발전을 열렬히 후원한 인물이었다. 형 쿠빌
라이처럼 훌레구는 학문의 중요성을 인식했고 특히 마라가에
있던 새로운 천문대를 후원했다. 그의 궁정은 이란의 시와 예
술을 적극적으로 받아들였는데, 이는 상당한 문화적·예술적
발전을 불러일으켰다.

일 칸국 시대 이란의 예술은 몽골 지배의 영향을 보여주었
다. 몽골족 자체는 이란의 삽화가 들어간 필사본들의 글과 그
림을 도맡는 서예가나 화가도 아니었고, 중앙아시아와 중국
의 직물을 만드는 직공들도 아니었다. 이 모든 뛰어난 작품들
은 토착 거주민들에 의해 생산되었다. 하지만 그 과정에서 몽
골족은 중요한 역할을 담당했는데, 무엇보다 서아시아 사람

들에게 중국의 직물과 그림을 전하면서 중국 양식을 소개했던 것이다. 용과 봉황이 들어간 전형적인 중국식 디자인은 이란의 타일 제작에서, 그리고 삽화가 들어간 필사본들에서 나타나기 시작했다.

이란의 민족 서사시인 샤나메(Shahnama, 왕들의 책)와 라시드 앗 딘에 의해 집필된 세계사인『집사Jami al-tavarikh』및 박물지들에 묘사된 장면들은 모두 중국의 풍경화에서 파생된 것들이었다. 나무들, 운견(雲肩, 운견은 중국 고유의 장식 무늬 중 하나로, 여덟 개의 꽃잎이 있는 연꽃과 불교의 만달라 모양에서 유래한 것으로 알려져 있다—옮긴이), 산들을 묘사한 것은 중국의 자연 묘사와도 닮았다. 일 칸국의 여름 궁전인 타흐트 이 술라이만(Takht-i Sulaiman)의 경우, 세라믹으로 된 별이 교차하는 모양의 타일에 장식된 무늬들은 형태의 측면에서 중국의 영향을 반영하고 있고, 용과 봉황은 왕실의 힘과 상징을 보여주고 있다.

타일들은 샤나메에 나오는 이야기들을 묘사하고 있는데, 그래서 이는 몽골족과 그들의 이란인 백성들을 연결함으로써 이란에 대한 몽골 지배의 정당성을 강화하는 데에 긴요한 것이었다. 현재 남아 있는 이란의 일부 도자기들은 중국의 청자를 모방한 것인데, 이란 고유의 것이 아닌 연꽃과 모란 등의 식물과 같은 중국의 무늬들을 집어넣었다. 이란의 장인들에 의해 생산된 마구(馬具)와 벨트의 장신구들은 당연히 몽골 고객들의 취향에 부합했고, 심지어 종교 예식에 사용되는 놋쇠 촛대나 향로도 몽골식 모양을 띠고 있었다. 몽골족에게 영원한 하늘을 의미하는 파란색은 타일이나 삽화에 자주 쓰였는데, 이는 정복자의 영향력을 보여주는 것이었다. 그러니까 일 칸국의 예술은 몽골제국의 세계화를 반영하고 있고, 동시에 몽골족 스스로를 정당화하고 다양한 사람들에 대한 지배를 수월하게 이루기 위해 몽골족이 중국식, 이슬람 도래 이전의 이란식, 이슬람 시기의 이란식, 몽골식 상징 등을 채택했음을 보여준다.

라시드 앗 딘이 이런 특별한 일 칸국의 문화를 대표하는 중심적 인물이라는 점은 틀림이 없다. 유대인 약제사(藥劑士)의 아들이었던 그는 의사가 되었고, 비교적 젊었을 때에 이슬람교로 개종했다. 정부에 등용되면서 그는 관료제의 사다리를 타고 승진하여 재상(宰相)에 올랐지만, 정작 그의 뛰어난 재능과 기술을 보여준 것은 정치 이외 분야에서의 활약이었다. 라시드 앗 딘은 관심사가 다양했고, 신학에서 농업에 이르기까지 여러 주제들에 대한 논저를 집필했다. 중국의 문화에 매료된 그는 중국의 의학 서적을 페르시아어로 번역하는 일을 후원했고, 중국의 서예와 그림에서도 자극을 받았다. 그러나 그의 가장 유명한 업적은『집사』였다. 일 칸 가잔은 그의 몽골 백성들이 몽골 문화의 핵심으로부터 벗어남으로써 장차 고유한 전통과의 끈을 놓치게 되지 않을까 우려했고, 이에 라시드 앗 딘에게 몽골족의 역사를 집필하도록 명령했다. 라시드 앗 딘은 뒤이어 즉위한 일 칸의 격려를 받으면서 자신의 임무를 투르크족, 이슬람 도래 이전의 이란, 이슬람교의 성장, 유대인, 프랑크인(유럽인), 인도인, 그리고 중국인의 역사 및 지리 부문의 서술까지 아우르는 것으로 확대했다. 원고가 완성되자 그는 매년 이란어로 된 사본과 아랍어로 된 사본을 제작하기 위해 그의 자선 기부금에서 자금을 제공했고, 이는 그의 저술의 다양한 부문들이 보존되는 데에 기여했다. 의뢰된 원고의 삽화들도 보완이 되면서 텍스트를 더 풍부하게 만들었다. 일부 자료들이 편중된 인재 등용과 부정부패로 그를 비난하고 있는 것을 보면, 그는 결점을 가지고 있었을 것이다. 하지만 그가 이란 및 세계 문화에 공헌한 것은 무시될 수 없는 일이다.

러시아와 중앙아시아의 공예

러시아에 대한 최초의 침입으로 일부 도시들이 파괴되었고, 칠보 자기 세공과 같은 공예의 몰락을 야기했다. 그러나 몽골 영역의 다른 곳들처럼, 킵차크 칸국은 공예의 부활에 서둘러 관심을 보였다. 칸들, 제왕들, 상인들은 세련된 의복, 모자, 보석은 물론이고 일상용품들을 얻고자 했다. 벨트에서부터 술잔에 이르는 모든 것을 포함하여 윤기가 나고 번쩍이는 물품들에 대한 그들의 욕망은 금과 은의 사용을 요구했다. 게다가 특정한 몽골식 무늬, 영원히 푸른 하늘과 세계를 상징하는 것들이 몽골의 전통을 보존하는 데에 기여하는 동안, 물품들에 들어간 문장(紋章)이나 상징들은 몽골족의 지배를 정당화하는 역할을 했다. 킵차크 칸국의 영역에서 경제가 소생하고 도시들이 발전하면서 주민들은 모스크, 교회, 공중목욕탕, 가옥, 시장들을 건립했다. 이슬람교 신앙의 영향을 받은 일부 장인들은 아랍어 서체, 유리창, 타일들로 이루어진 노란색, 붉은색, 파란색의 모자이크들을 제작했다. 이슬람교로 개종했던 우즈벡 칸은 파란색 타일과 모자이크를 활용한 궁전의 건립을 명령했고, 은과 보석으로 덮인 목제 왕좌를 가지고 있었다.

공예품 생산의 속도는 도시의 발전과 함께 더욱 빨라졌다. 장인들은 정교하게 장식된 안장, 벨트, 가죽 주머니, 가방, 바구니, 반지, 팔찌, 귀걸이 등을 제작하면서 몽골족과 그들의 투르크족 부하들의 취향에 재빠르게 부응했다. 그들은 또 상아로 된 물품들은 물론이고 도자기 컵, 접시, 주전자도 만들었다.

몽골 영역의 다른 지역들처럼 킵차크 칸국도 유라시아 전체에 걸친 장인과 물품들의 이동으로부터 이득을 보았다. 장

10. 인도와 티베트의 건축양식 및 복식을 뛰어나게 묘사한 이 그림은 라시드 앗 딘의
위대한 세계사 속 지리 부문의 삽화로 들어가 있다. 라시드 앗 딘의 저술과 이란
의 민족 서사시인 샤나메(왕들의 책)를 포함한 여러 사본들의 삽화는 몽골의 이
란 지배 시기에 주요 예술양식 중 하나를 발전시켰다.

인들은 중국, 비잔티움, 이란, 아랍, 중앙아시아의 특징들을 자신들의 작품에 곧바로 흡수했다. 도공들은 도자기에 연꽃, 모란, 상상의 동물과 현실의 동물(전형적인 중국식 상징)을 그려넣었다. 중국의 비단은 돈강 유역과 북부 캅카스에서 발굴되었다. 직공들은 중국, 이란, 중앙아시아의 다양한 장식들을 차용했는데, 이는 몽골 시대의 세계화와 예술적 전파 정도를 잘 보여준다. 운견, 여의주를 쫓아가는 용, 모란, 거위, 봉황은 중국에서 유래된 이미지였고, 사슴이나 토끼, 가젤, 앵무새, 고양이과 육식 동물은 중앙아시아와 이란의 예술품에서 비롯된 것이었다.

차가다이 칸국은 중앙아시아의 유구한 수공예 전통과 유능한 장인들의 대규모 집단을 물려받았다. 이 장인들은 금속 공예와 벽화에 능숙했지만, 몽골족은 특히 직공으로서 지닌 그들의 기술을 높이 인정했다. 직물은 휴대가 가능했고, 그래서 지속적으로 이동하는 몽골족의 생활 방식에 쉬이 들어맞을 수 있었던 것이다. 그래서 몽골의 지도자들과 후원자들은 특히 직공들을 찾는 데에 힘을 기울였고, 그들에게 특별한 이득과 더 높은 지위를 부여했다. 중국 직물의 질을 향상시키고 새로운 장식과 형태들을 도입하기 위해서 그들은 서부 중앙아시아, 오늘날의 아프가니스탄과 동부 이란에 있던 직공들을 중국 혹은 중국의 경계에 인접한 지역으로 이동시켰다. 몽골의 지도자들과 후원자들은 또 오늘날의 신강에 거주하던 위구르족이 뛰어난 직공임을 알아챘고, 그들이 갈망하던 직물들을 만들기 위해 위구르족들도 선발했다.

외국의 종교에 대한 몽골족의 다소 관대한 태도, 화려한 물품들에 대한 애착, 극작가와 예술가 및 역사가들에 대한 후원은 동방과 서방 양쪽에서 전해져온 그들의 이미지에 이의를 제기하게 한다. 그들을 오로지 원정과 약탈에만 몰두한 야만적인 병사로 묘사한 데에는 수정이 필요한 것이다. 그들이 저지른 잔인한 폭거와 과격한 파괴는 부정될 수 없지만, 그들이 한 세기 넘게 지배한 지역에서 예술적·문화적 발전에 기여했던 것도 부인될 수는 없다.

제 7 장

쇠퇴, 몰락,
그리고 유산

쿠빌라이 칸은 역사의 무대에 등장한 이래로 줄곧 성공을 거두었다. 그는 운남의 대리 왕조와 싸워서 승리를 거두었고 불교와 도교의 논쟁을 성공적으로 주관했으며 동생 아릭 부케를 패배시켰고 중국식 모델에 근거한 통치 제도와 세금 구조를 창안했다. 또한 두 개의 도성을 건설했고 수많은 종교 지도자들의 지지를 확보했으며 예술을 후원했다. 그리고 아마도 가장 인상적인 것은 몽골이 정복한 모든 지역들 중에서 가장 인구가 많았던 남송을 제압한 일이었다. 그러나 1281년에 그가 총애하던 부인인 차비가 사망한 이후로 그는 심각한 문제들에 직면하기 시작했다. 몽골족은 과거에 중국을 통치했던 유학자 엘리트들의 권한을 빼앗았는데, 그들은 몽골의 지배에 적대적이었다. 몽골족에 의해 도입된 사등인제(四等人制)는 셋째와 넷째 계급에 위치한 중국인들을 차별했고, 이들은 이러한 낮은 지위에 원망을 품었다.

아마도 더욱 결정적인 것은 제국의 재정이었을 것이다. 대도의 건설, 수도의 주민들에게 물자를 공급하기 위한 대운하의 확장, 역참의 편성, 수많은 군사적 원정 등에 들어간 비용은 막대했다. 쿠빌라이는 세입을 늘려야 했고, 아흐마드(Ahmad)라는 이름의 중앙아시아 사람을 재정 장관으로 등용했다. 아흐마드는 더 많은 자금을 끌어오면 더 큰 권력과 명성, 수입이 따라온다는 사실을 알았다. 그래서 그가 취한 첫 조치는 이전의 납세 명단에 올라 있지 않았던 호를 세금을 부과할 수 있는 호로 등록하는 것이었다. 그는 세금을 낼 수 있는 북중국의 호의 숫자를 늘렸고, 그 결과 1261년의 141만 8499호에서 1274년에는 196만 7898호로 늘어났다. 상인들에게 더욱 높은 세금을 부과하면서 그는 또 소금, 철, 차, 술, 금, 은을 정부가 독점하게 해서 추가 수입을 짜냈다.

중국인 관료들과 일부 몽골족은 아흐마드를 경멸했고, 그를 부당 이득, 연고주의, 횡령으로 고발했다. 쿠빌라이의 아들 진김이 이 대립에 합류하면서 아흐마드의 운명은 정해졌다. 1282년 4월 10일, 몽골족과 중국인 관료들이 음모를 꾸며 아흐마드를 암살했고 필시 죄를 씌우기 위한 증거물을 그의 집에 가져다놓고는 그가 국고를 빼돌렸다고 조정을 설득했다. 쿠빌라이는 아흐마드의 시신을 꺼내어 수레가 그 위를 지나가게 하고 개들이 물어뜯게 하라는 명을 내렸다.

그러나 쿠빌라이는 여전히 세입이 필요했고, 급기야 상가(Sangha)라는 이름의 티베트인에게 눈길을 던졌다. 상가는 아흐마드가 마주쳤던 곤란한 상황에 이번에도 직면했다. 그는 세금을 늘리려고 했다가 부정부패, 중국인이 아닌 거주민들에 대한 편애, 국가의 재산 절취 혐의로 고발되었다. 중국의 자료들은 특히 상가가 남송 황제들의 묘를 강탈하는 것을 승인했다고 비난했다. 한 불교 승려가 일부 묘를 열었고, 불교 사원 건립에 들어갈 비용을 마련하기 위해 옥, 금, 은으로 된 물건들을 훔쳐왔다. 승려의 졸개들은 또 송 황실 가문의 시신을 모독했는데, 이는 더욱 심각한 범죄였다. 그들은 여전히 잘 보존되어 있던 송의 마지막 황제들 중 한 사람의 시신을 꺼내어 나무에 사흘 동안이나 걸어놓았다. 이런 패악 행위들은 불교 승려의 후원자인 상가에게 나쁜 결과를 초래했다. 이러한 범죄들 때문에 쿠빌라이는 1291년 3월에 상가를 체포해야 했고, 몇 달 후 그를 처형했다. 상가의 죽음에도 불구하고, 재정 문제는 여전히 지속되었다.

게다가 1280년대에 이루어진 몽골족의 대외원정도 대부분 실패로 끝났다. 몽골 조정이 무모한 대외정책에서 또다른 무

모한 정책으로 질주할수록 안정을 이루기는 점점 더 어려워
졌다. 그중에서 가장 잘 알려진 것은 일본을 향한 원정이었다.
일본의 쇼군은 몽골의 복종 명령을 거부했고, 이는 1274년 몽
골의 참담한 침입을 야기했고 실패에 그쳤다. 몽골족이 또 올
것이라고 생각한 일본인들은 규슈 섬의 하코자키에서 하카타
에 이르는 지역에 석벽을 쌓았다. 이는 몽골의 공격에 대비하
기 위한 것으로 5년에 걸쳐 진행된 공사였다. 이에 대한 대응
으로 몽골족은 고려인 선원과 중국인 및 고려인 조선업자를
선발했고 상당한 규모의 병력을 소집했다. 중국의 자료들은
이 원정대가 14만 명의 군사로 편성되었다고 기록하고 있는
데, 일부 학자들은 이것이 과장된 수치였다고 보고 있다. 1281
년 6월, 북중국에서부터 전함들이 규슈를 향해 출발했고 남중
국의 천주(泉州)에서는 더욱 큰 규모의 함대가 하카타를 향해
서 좀더 나중에 출발했다. 몇 주에 걸쳐 일본인 병사들은 몽골
족이 방어 석벽을 무너뜨리지 못하게 저지했고, 이후 8월 15
일과 16일에 태풍이 들이닥쳐 귀중한 물자 및 병력들과 함께
수많은 몽골 선박들이 침몰했다. 규슈에 상륙한 몽골 병사들
은 스스로를 방어해야 했고, 일본의 병력들이 그들을 포위하
여 살해했다.

 1281년의 전투는 장차 양측 모두에게 중대한 의미를 지니
게 되었다. 일본인들은 태풍이 '신(神)의 바람'(가미카제)이었

고 신이 그들의 땅을 지키면서 일본 열도가 정복되는 것을 허락하지 않을 것이라고 믿었다. 몽골족은 막대한 타격을 입었는데, 무엇보다 원정의 실패로 인해 동아시아에서는 그들이 무적이라고 하는 이미지가 바닥에 떨어졌던 것이다. 그들이 적들 사이에 자아내던 공포감의 심리적 위력도 크게 흔들렸다.

동남아시아에 대한 몽골족의 원정도 파멸적인 반전을 초래했다. 몽골족은 자신들이 진군하게 될 곳의 지형과 환경을 고려하지 않는 재앙적 실수를 저질렀다. 능숙하다고 자신했던 첩보 작전을 벌이지 않았던 것이다. 그들은 동남아시아에 있는 다양한 집단들의 저항을 분쇄하기 위해서는 병사들이 삼림을 뚫고 지나가야 한다는 것을 분명하게 깨닫지 못했다. 게다가 말들은 이러한 지형에 익숙하지 않았고, 전투에서 가장 중요한 이점이었던 그들의 기병도 거의 제 역할을 하지 못했다.

마르코 폴로는 그 유명한 기록에서 몽골 군대의 가장 뚜렷한 성공을 묘사하고 있다. 그가 기록한 것처럼, 몽골 군사령관은 버마의 파간(Pagan) 왕국을 공격하는 전장에서 2천 마리의 코끼리 부대와 상대했다. 몽골의 말들은 공포에 짓눌려서 코끼리에 대항하고자 앞으로 나아가지 않으려고 했다. 군사령관은 병사들에게 말에서 내려 근처의 삼림에 말들을 묶어두라고 명령했다. 그리고 궁수들에게 보호 장구를 갖추지 않은 코끼리들을 겨냥하라고 명령했다. 부상당한 코끼리들은 공포에 떨며 후퇴했고, 어떤 경우에는 자기 주인을 짓밟기도 했다. 어느 쪽도 명백한 승자가 되지 못했다.

몽골의 또다른 원정은 상당한 저항에 직면한 채 성공을 거두지 못했다. 게릴라 전술, 더위, 질병은 때때로 몽골 군대에 큰 피해를 주었고 결국 그들을 철수하게 만들었다. 안남(安南, 이는 오늘날의 베트남 전체가 아니라 북부 일대를 가리킨다. 오늘날의 베트남 중부와 남부에는 참파Champa라는 또다른 왕조가 자리하고 있었다. 참파는 한문 기록에 점성占城이라는 용어로 등장한다―옮긴이)에 대한 공격은 양쪽 모두에게 피해를 입혔고, 이로 인해 안남의 왕은 쿠빌라이의 궁정에 조공을 바치고 충성을 맹세하는 사절을 파견해야 했다. 참파에 대한 원정은 똑같이 모호한 결과를 가져왔다. 한 가지 긍정적인 성과는 주달관이라는 이름의 사신이 캄보디아로 파견되어 그곳에 있던 12세기의 거대한 힌두 사원(13세기에는 불교도들이 사용하기 시작했다)인 앙코르에 대한 최초의 기록을 남긴 것이었다. 더욱 처참했던 것은 1292년 자바에 대한 해상 원정이었다. 초기의 성공 이후 게릴라 공격, 자바인 동맹자의 배신, 그리고 열대의 더위는 몽골 병사들이 선박으로 철수하여 중국으로 귀환할 수밖에 없게 만들었다.

1280년대에는 만주에서 중대한 반란이 일어났다. 칭기스 칸의 이복동생 중 한 명의 후손이자 네스토리우스 기독교도 였던 나얀(Nayan)이 1287년에 쿠빌라이의 만주 통제에 도전 장을 던졌던 것이다(저자는 나얀이 칭기스 칸 이복동생의 후손이 라고 서술했지만, 이는 사실과 다르다. 나얀은 칭기스 칸의 막냇동 생인 테무게 옷치긴Temüge Otchigin의 후손이다 — 옮긴이). 쿠빌라 이는 이 전투에 직접 병사들을 이끌고 참전했을 정도로 이 위 협을 아주 심각하게 받아들였다. 쿠빌라이의 군대는 승리를 거두고 나얀을 사로잡았다. 나얀은 황실 혈통이라서 피를 흘 리지 않는 방식으로 처형해야 했다. 그는 카펫으로 똘똘 말린 채, 말들과 수레들에 의해 짓밟혀 죽었다.

1281년에는 쿠빌라이가 총애했고 영향력도 가장 컸던 부 인인 차비가 사망하면서 실망과 실패의 주기가 시작되었다. 다민족 제국의 통치에 대해 상당한 훈련을 받았던 황태자 진 김은 1285년에 사망했는데, 이는 아버지의 죽음보다 거의 10 년 앞선 것이었다. 쿠빌라이는 위안을 얻기 위해 점점 술과 음 식에 의지했고, 궁정의 연회는 점점 사치스러워졌다. 그의 건 강은 나빠졌고, 그가 먹은 음식은 특히 통풍을 유발했다. 중국 의 자료들은 쿠빌라이가 말년에 극도로 의기소침했고, 제국 의 통치를 위해 부인들 중 한 명에게 점점 더 의존하게 되었음 을 보여준다. 1294년 2월 18일, 여든 살의 쿠빌라이는 사망했 고, 공들여 조성한 무덤에 매장되었다.

쿠빌라이 이후의 쇠퇴

쿠빌라이의 사망 이후, 원 제국은 점차 쇠퇴해갔다. 물론 경제, 황실, 군사 문제들은 재위 말년의 쿠빌라이를 괴롭혔다. 그러나 이후의 황제들은 쿠빌라이가 성취했던 것들을 뒤엎으면서 이러한 어려움들을 악화시켰다. 비록 그들은 1303년에 차가다이 칸국 및 우구데이의 후손들과 평화협정을 맺는 데에 성공하면서 중국의 북서쪽 경계를 따라 빚어진 30년 동안의 갈등을 종결시켰지만 다른 지역에서의 정치적 혼란이 가속화되었고, 이는 대외교역이나 중앙아시아, 서아시아, 유럽과의 관계가 쇠퇴하는 결과를 가져왔다. 원 제국은 점점 고립되었고, 몽골 시대 초기의 특징이었던 교역과 문화적 교류로부터 더는 혜택을 받지 못했다.

제위 계승을 놓고 벌어진 투쟁은 반복적으로 분열을 야기했다. 황제에 오를 자격이 있는 인물은 칭기스 칸 가문이어야 했는데, 4세대 혹은 5세대가 되면서 칭기스 칸의 후손들이 너무 많아졌다. 쿠빌라이와 아릭 부케 사이의 전쟁이 그랬던 것처럼, 이러한 분쟁들은 중국의 정주 농경 사회와 유교 문명 및 독특한 문화를 존중하고 이에 매료된 몽골족에 맞서 전통적인 몽골의 생활 방식과 가치관을 지키려는 사람들 간의 싸움이었다. 쿠빌라이의 손자이자 계승자였던 테무르(Temür)가 1306년에 사망하고(쿠빌라이의 계승자인 성종成宗 테무르가 사망한 날짜는 음력으로 1307년 1월 8일이고, 양력으로 1307년 2월 10일이다. 따라서 저자가 1306년이라 한 것은 오류이다―옮긴이), 이후 30년 동안 황제들의 암살과 제위를 노린 인물들의 피살이 조정을 혼란에 빠뜨렸다. 때때로 계승분쟁은 숙청으로 이어졌는데, 이는 중국에서 몽골의 지배를 훼손하고 약화시켰다. 황제들의 이례적으로 짧은 수명은 불안정성을 더욱 부추겼다. 마흔한 살에 사망한 테무르는 알코올 중독이었다(앞서 테무르의 사망 연도에 오류가 있었기 때문에 마흔한 살에 사망했다는 것도 오류이다. 한문 기록에는 테무르가 마흔두 살에 사망했다고 기록되어 있다―옮긴이). 유년기에 죽은 것을 제외하면, 이후 계승자들은 서른하나, 서른다섯, 스물여덟 살까지 살았다. 쿠빌라이의 후손들과 계승자들은 쿠빌라이가 여든 가까운 생애에 34년 동안 재위했던 것과는 비교할 수도 없다. 이처럼 통치자가 단명한 탓에 혼란스러운 상황이 조성되었다.

궁정의 정책들 역시 황실 가문을 괴롭힌 폭력으로 인한 불안정성에 기름을 부었다. 조정은 제왕들과 관료들의 사치스러운 생활을 위한 자금을 댔는데, 이는 재정적으로 막대한 부담이 되었다. 조정의 관료들은 이미 쓸데없이 팽창한 관료 체계에 지인들과 후원자들을 들어앉힘으로써 행정적 비용을 증대시켰다. 뇌물, 횡령, 부정부패의 또다른 행태들이 14세기에 횡행했다. 부유하고 권세 있는 개인들은 특권을 확보하고 세금을 면제받기 위해 정부 관료들에게 뇌물을 주었다. 이러한 폐단들은 일반 중국인들의 불만을 초래했고, 조정에 대해 품어온 경외감을 깎아내렸다. 많은 관료들은 이러한 폭주를 막고자 했고, 제왕들에 대한 사여를 제한하고 세금과 수수료를 늘리는 식으로 제국의 재정 문제들을 처리하려 했다. 그러나 제왕들과 여타 관료들은 새로운 규제를 회피했고, 비대해져 있던 조정의 사여를 계속 받아냈다. 일부 황제들은 부정부패를 타파하고 군비를 강화하는 데에 별 관심을 보이지 않았고, 이로써 제국은 더욱 약해졌다. 아마도 가장 큰 태만은 공공 토목 사업을 제대로 유지하지 않은 일로 보이는데, 14세기의 경우 예년과는 다른 맹추위에 시달리기도 했지만 그러한 태만은 더 잦은 홍수와 가뭄을 가져왔다. 전염병의 창궐을 포함한 각종 질병은 원 제국을 더욱 궁지로 몰아넣었다. 이런 악조건들이 조금이라도 완화되었다면 제국의 수명이 연장될 수도 있었겠지만, 정치적·경제적인 어려움이 지속되면서 쇠퇴와 몰락의 길을 재촉했다.

계승분쟁을 통해 명백하게 드러난 분열은 제국 몰락의 결정적 요인이었다. 칭기스 칸 시대까지 거슬러올라가는 초창기의 몽골 연맹들이 그랬던 것처럼, 원 제국의 통치자들은 몽골 및 중국의 다양한 파벌들을 결합시킬 수 없었다. 비록 중앙아시아의 무슬림들이나 티베트 불교도들, 그리고 여타 외국인들도 이러한 갈등을 부채질했지만, 주요 적수로 자주 다투었던 사람들은 초원에 있던 몽골족과 중국에 있던 그들의 친척들이었다.

개혁가들은 거듭 좌절을 겪었다. 그러한 어느 개혁가는 성이 이(李), 왕(王), 임(林), 주(周)인 사람들을 처형시키자는 말도 안 되는 제안까지 했는데(저자가 이 네 성씨를 인용한 근거가 무엇인지는 확인하기 어렵다. 이 일화는 바얀Bayan이라는 재상이 제안한 정책인데, 한문 기록에는 장張, 왕王, 유劉, 이李, 조趙 다섯 성씨의 한인들을 죽이자고 했지만 황제가 따르지 않았다는 내용이 보인다―옮긴이), 이는 중국인의 대다수를 살해하자는 것이었다. 극소수의 유능한 관료들은 제국을 구하기 위해 더욱 진지한 개혁안들을 제시했다. 인종 황제(재위 1312~1320)는 한 관료의 조언에 따라 중국의 과거시험을 복원했지만, 그것을 관직을 위한 유일한 척도로 삼으라는 명령을 내리지는 않았다. 명성이 자자했던 유능한 몽골 관료인 톡토(Toghto)는 이전의 영광스러운 시절로 군대를 회복하고 지방 관료들을 제어하면서 정규적인 세입을 확보하고자 노력했지만 다른 관료들로부터 상당한 저항을 받았다. 원의 마지막 황제는 자신의 공적인 직무에 거의 신경을 쓰지 않았고, 톡토의 커지는 명성에 초조해진 그는 톡토의 직위를 박탈했다.

1340년대 후반에 일어난 재난에 가까운 홍수는 최후의 결정적 타격이었다. 수많은 사람들이 홍수로 인해 목숨을 잃거나 혹은 잇따라 창궐한 전염병으로 쓰러졌다. 또한 수백만 명이 토지를 상실했고, 부정부패와 실수투성이였던 정부는 이 재앙에 제대로 대처하지 못했다. 비적(匪賊) 집단, 백련교(白蓮敎) 종파, 그리고 일반 농민들은 열악한 경제 여건이나 관료들의 횡령과 뇌물, 몽골 및 중국 관료들로부터의 억압에 대응하면서 기본적인 필수품들을 얻기 위해 사유지와 정부 기구들을 공격하기 시작했다. 단순한 도적질에서부터 일부는 반란으로까지 치닫기 시작했다. 1350년대에는 수많은 중국인 집단들이 원의 지배에 도전했다. 불교 사원에서 성장기를 보낸 반란군의 지도자 주원장(朱元璋)은 다른 집단들을 강제로 복속시키고는 몽골 통치자들에게로 시선을 돌렸다. 1368년에 주원장의 군대는 대도를 향해 진격했고, 원의 마지막 황제는 수도를 포기할 수밖에 없었다. 그러나 주원장은 몽골족을 전멸시키지는 않았다. 몽골족은 물러나면서 조상들이 살던 본거지로 돌아갔고, 이후 3세기에 걸쳐 그들의 상대는 주로 중국인들과 동아시아의 다른 민족들로 제한되었다. 주원장과 그의 계승자들은 몽골 세력의 재기 가능성에 대해 계속 우려했는데, 이는 잘못된 시각이었다. 왜냐하면 몽골족이 통일을 이루어 심각한 위협 요소로 떠오를 수는 없었기 때문이다. 몽골족은 점점 고립되어갔고, 몽골이 통치하는 아시아의 다른 지역들과의 관계도 약화되었다.

일 칸국의 소멸

이란에서는 단지 8년 동안만 재위했던 일 칸 가잔이 1304
년에 사망한 이후 벌어진 사건들이 그의 성공을 뒤집으면서
궁극적인 와해를 초래했는데, 이는 40년 만에 몽골의 지배가
소멸되는 결과로 이어졌다. 가잔의 동생 울제이투(Öljeitü, 재
위 1304~1316)는 기독교도였다가 이슬람교로 개종하면서 무
함마드(Muhammad)라는 이름을 취했다. 울제이투는 술타니
야에 새로운 수도를 건설했고, 자신을 위해 8개의 첨탑과 푸
른색 광이 나는 두 겹의 돔이 있는 독특한 영묘를 지었다(이것
은 지금도 남아 있다). 울제이투는 이슬람교의 시아파를 후원했
고, 세계사를 집필하려는 라시드 앗 딘의 노력을 지원했다. 이
슬람교에 대한 그의 지원은 이란인 백성들 사이에서 몽골족
의 정통성을 강화했다. 또한 서방과도 상업적·외교적 관계를
잘 맺음으로써 그는 유럽의 군주들과 또다시 연맹을 맺으려
고 시도하게 되었다. 첫째로는 제노바의 상인들이 일 칸국과
교역했고, 이후에 울제이투는 베네치아와 교역하기 위해서
상업협약을 체결했다. 둘째로 비잔티움 제국의 황제 안드로
니쿠스 2세(Andronicus II)는 아나톨리아를 위협했던 오스만

투르크족에 맞서는 일에 일 칸국이 지원해준 데에 대한 보답으로 그의 딸을 울제이투에게 시집보냈다. 이러한 협력이 친밀한 제휴로 이어지리라 믿으면서 울제이투는 맘루크에 대항하는 연맹을 제안하기 위해 유럽의 군주들과 교황에게 사절들을 두 차례나 파견했다. 그러나 랍반 사우마의 사절단이 그랬던 것처럼, 이 사절들이 협정을 이끌어내지는 못했다.

울제이투가 젊은 나이에 사망하고 아들 아부 사이드(Abu Said, 재위 1316~1335)가 뒤를 이음으로써 칸국의 몰락을 불러왔다. 열 살에 왕좌에 오른 아부 사이드는 통치를 위한 준비를 제대로 하지 못했고, 결국 그의 통치 기간은 줄곧 혼란한 상태였음이 드러났다. 재상들은 사익을 늘리기 위해 어린 일 칸을 활용했다. 한 관료는 일 칸국 시기의 가장 위대한 인물인 라시드 앗 딘이 울제이투를 독살했다고 무고(誣告)했고, 이에 라시드 앗 딘은 1318년에 처형되었다. 그는 처형되기 전에 아들들 중 한 명이 죽는 것을 강제로 지켜봐야만 했다. 정부는 모스크, 도서관, 병원, 고아들을 위한 기초 학교, 주민들을 부양하기 위한 경작지로 이루어진 그의 자선 기부재산(와크프, 'waqf'는 이슬람권에서 공익 등의 목적으로 재산을 기탁하는 것 혹은 기탁으로 세워진 기관을 의미하는 용어이다―옮긴이)을 몰수했다. 아부 사이드는 성장하면서 훌륭한 지도자가 되고자 했고, 1322년에는 맘루크조와 평화협정을 체결하는 데에 성공하기도 했다. 그러나 킵차크 칸국과의 전쟁이 재개된 일은 맘루크 조와의 적대감 해소를 모조리 가려버렸다. 일 칸국 시기에 평화는 찾아오지 않는 것처럼 보였다. 국내 정치도 불안정했다. 권세를 부린 재상 추판(Chupan)은 아부 사이드가 어렸을 때에 정부를 장악했지만, 헤라트에 대한 원정 도중인 1327년에 살해되었다. 아부 사이드는 추판의 아들들 중 한 명을 처형했고, 또다른 아들도 맘루크조로 도망갔다가 결국 그곳에서 참수되었다.

정부 내의 폭력과 분쟁, 그리고 터무니없이 높은 세금은 아부 사이드 통치 시기의 특색이었고, 대략 서른 살에 사망할 때까지 남성 계승자를 남기지 못한 탓에 일 칸국은 멸망하게 되었다. 일 칸국은 불명예스러운 종말을 맞이하게 되었고, 이후 30여 년 동안 몽골, 투르크, 페르시아의 지도자들이 소규모 국가들을 세웠고 그 각각은 상대적으로 제한된 권위를 지니고 있었다. 중앙아시아의 지도자인 티무르가 14세기 후반에 등장할 때까지 이전에 일 칸국의 지배를 받았던 지역에는 중앙 집권화된 행정 체계가 들어서지 않았다. 일 칸국의 멸망은 상인들, 선교사들, 모험가들, 장인들의 꾸준했던 유입을 줄여버렸다. 비록 소수의 여행가들은 실크로드를 따라 15세기 중반까지도 계속 오갔지만 말이다. 중국과 이란에서 몽골의 통치가 시들면서 유럽, 서아시아, 중국 사이에 이루어진 초기의 교류 역시 사라졌다.

킵차크 칸국의 붕괴

이와 유사한 문제들은 14세기 킵차크 칸국을 괴롭혔다. 몽골 엘리트들의 분열이 격렬하게 전개되면서 때때로 살해와 암살을 야기했다. 심지어 1299년에는 1260년대부터 정부를 장악했던 노가이(Noghai)와 칭기스 칸의 직계 후손인 톡타(Tokhta, 재위 1290~1312)가 지도권을 놓고 격렬한 전쟁을 벌였다. 이러한 계승분쟁이 지속되면서 1359년에는 파멸적인 갈등이 분출되었고 이는 몽골족을 더더욱 약화시켰다. 1359년부터 1380년까지 스물한 명의 칸들이 왕좌에 올랐는데, 한 명이 살해되면 연이어 또다른 인물이 암살되는 식이었다. 이러는 와중에 북러시아의 토착 공작들은 보야르(boyar, 귀족)들의 지지를 받아 성장했고, 몽골족 사이의 분쟁을 활용하여 세금을 징수하면서 점점 더 독립적인 상태로 변모했다.

특히 모스크바 공국이 1327년에 트베르(Tver) 공국을 격파한 이후 그 지역에서는 가장 강력한 집단들의 중심지가 되었고, 나아가 중앙 정부의 지배에 도전하기 시작했다. 1380년, 쿨리코보 평원(Kulikovo Pole, 여기에서 'Pole'은 영단어가 아니며, 러시아어에서 들판이나 평원을 뜻하는 'поле'를 영어 알파벳으로 옮긴 것이다―옮긴이)에서 벌어진 전투는 이러한 도전의 증거인 셈이다. 모스크바와 몽골 각각이 상대로부터 지지자들을 끌어오기는 했지만 공작 드미트리 이바노비치(Dmitrii Ivanovich), 일명 돈스코이(쿨리코보 전투는 돈강 유역에서 치러졌고, 여기에서 승리를 거둔 드미트리 이바노비치는 이후 '돈강의 드미트리'라는 별명으로 불리게 된다. 돈스코이는 '돈강의'라는 뜻이다―옮긴이)가 정부의 군대를 격파했다. 이 전투는 순수 몽골족과 순수 러시아 부대 사이의 명백한 분쟁이 아니었다. 일부 몽골족은 공국의 편에 섰고, 또다른 사람들은 여전히 중앙 당국에 충성했던 것이다. 그럼에도 불구하고 이 사건은 지역 세력의 성장과 킵차크 칸국의 지배에 대한 위협을 상징했다. 1382년에 킵차크 칸국의 유능한 통치자였던 톡타미슈(Tokhtamish)는 복수를 감행하여 모스크바를 제압한 후 도시를 불태웠다.

중앙아시아와 서아시아의 일부를 정복했던 티무르는 칭기스 칸의 직계 후손인 톡타미슈가 권력을 확보하는 데에 도움을 주었다. 두 사람은 잠시 협력했지만 1385년에는 관계가 틀어졌고 1387년에는 전쟁에 돌입했다. 1391년에 티무르는 상대를 가차없이 패배시켰고 실제로 사라이를 점령하고 약탈했다. 그러나 이에 좌절하지 않은 톡타미슈는 티무르에게 줄곧 도전장을 내밀었고, 1395년에 이 중앙아시아 정복자는 이전

부하를 완전히 무너뜨리고 모스크바에 도착하여 자신의 군대에 사라이를 약탈하는 것도 허락했다. 사라이와 아조프를 포함한 도시들에서 이루어지던 교역은 현저히 줄어들었다. 톡타미슈는 왕좌를 상실했고, 킵차크 칸국은 장기적 쇠퇴의 길로 들어섰다. 1322년부터 모스크바에 거점을 두고 있던 정교회 역시 몽골족에 도전하기 시작했다.

톡타미슈의 패배는 킵차크 칸국의 취약함을 드러냈고, 이에 지역 지도자들이 떨어져나가게 되었다. 1438년에는 카잔(Kazan)이 독자적인 칸국을 세웠고, 1441년에는 아스트라한(Astrakhan)과 크리미아(Cremea) 역시 칸국들을 건설했다. 킵차크 칸국의 권위는 점점 제한되었고, 주민들도 점차 몽골족을 지지하지 않게 되었다. 토착민들의 저항에 직면하면서 킵차크 칸국은 계속 후퇴했고, 일부의 비러시아인과 대다수가 투르크족이었던 이른바 타르타르족(Tartars, 즉 타타르족)이 공국들을 지원했다. 이 분쟁이 식민지 개척자(즉, 러시아인)와 식민지 비개척자(몽골족 혹은 여타 비러시아 민족) 사이의 다툼으로 그려져서는 안 된다. 각각의 진영에는 민족적으로나 혹은 다른 측면에서 상당한 다양성을 가지고 있었기 때문이다. 어쨌든, 1502년에 크리미아의 멩글리 기라이(Mengli Girai)가 킵차크 칸국을 무너뜨렸다. 그러나 몽골이 지배했던 영역은 한 세기가 넘도록 더 분열되어 있었다.

최근에 이르기까지 대다수의 러시아 역사가들은 몽골의 침입과 지배가 가져온 파멸적인 영향을 강조했다. 그들은 몽골이 초기에 도시들을 파괴한 일을 부각시켰는데, 몇몇 지역은 실제로 황폐해졌다. 그러나 몽골족이 폭력을 도입한 것은 물론 아니었다. 러시아의 도시국가들과 다양한 연맹체들은 일찍부터 싸움에 자주 휘말렸다. 현대의 일부 역사가들은 몽골족이 러시아를 서방으로부터 단절시켰다고 비난한다. 그러나 사라이에 교황의 사절단과 이탈리아 상인들이 도착했고 또 발트해의 교역망이 발전한 것을 보면 그러한 주장은 거짓임이 드러난다. 킵차크 칸국은 이슬람교로 개종하면서도 정교회에 대한 관용과 후원을 유지함으로써 중동과 남동부 유럽의 기독교 세계를 줄곧 이어주는 역할도 했다. 그래서 러시아가 서방으로부터 완전히 분리된 것은 아니었다. 마지막으로, 일부 학자들은 훗날 차르 정부의 전제정치가 몽골의 영향력에서 비롯되었다고 보는데, 이 관점은 최근의 연구들에서 논의되고 있다. 물론 몽골족은 세금, 조공, 강제 노역, 군대 징발 등을 통해서 국가에 대한 복무를 강조했다. 몽골 시기 이전의 러시아는 몽골족이 도입한 중앙집권화된 행정 체계를 보유하지 못했고, 아마도 사람들은 국가의 통제로부터 더욱 자유로웠을 것이다. 그러나 몽골족의 러시아 지배는 제한적이었고, 대부분의 경우 몽골족은 도시들로부터 멀리 떨어진 초원에 머물러 있었다. 그들은 세금을 징수했고 군역을 요구했지만, 다른 측면에서는 거의 간섭하지 않았다. 그들은 통일이라는 개념과 훗날 들어설 모스크바 국가의 토대를 놓았지만, 반드시 차르의 역할에 대한 기초까지 놓았다고는 할 수 없다.

러시아에 끼친 킵차크 칸국의 영향에 대한 다른 시각들은 그리 논쟁적이지 않다. 몽골의 조직, 무기, 전략, 전술은 16세기에 등장하는 러시아 국가들에 본보기가 되었다. 기병의 활용은 훗날의 국가들이 전략의 일부로 채택하게 되었다. 보야르 계급은 권력과 특권적 지위를 얻었고, 몽골 이후의 러시아를 지휘했다. 비록 몽골의 초기 공격들이 큰 피해를 불러왔지만, 러시아는 장기적인 황폐화를 겪지는 않았다. 농업이 회복되었고, 더욱 중요한 것은 교역이 기하급수적으로 늘어났다는 점이다. 상업에 대한 몽골의 후원 덕분에 러시아는 유라시아의 교역망에 끼어들 수 있게 되었다. 러시아는 서아시아, 북유럽, 동유럽, 중앙아시아, 중국과 교역했는데, 최근에 킵차크 칸국의 유적들에서 발굴된 중국의 도자기와 비단은 당시에 교역이 광범하게 이루어졌음을 보여준다. 러시아는 유라시아와 그 역사의 일부분이 되었던 것이다.

러시아 고유의 제도들도 이른바 타타르의 멍에 시기에 의해 영향을 받았다. 몽골족은 정교회에 면세 지위를 부여했고, 이는 정교회가 교회를 건축하고 성상(聖像) 등의 훌륭한 종교적 유물을 제작하기 위한 자원을 제법 축적할 수 있게 해주었다. 또한 교회는 몽골 영역의 방대한 규모에 힘입어 서유럽의 기독교도들 및 비잔티움 제국과의 관계를 유지할 수 있는 이득을 보았다. 공예에 대한 몽골족의 후원은 세련된 금 세공품, 도자기, 직물의 생산을 자극했다.

몽골의 유산

몽골족이 지나온 길은 정말로 남달랐다. 두 세대 만에 그들은 전리품과 필수품을 확보하고자 때때로 정주 농경 문명을 습격하던 초원 유목민에서 점차 광범한 다민족 영토를 통치하는 사람들로 변모했다. 외국인 백성들의 필수적인 협력을 바탕으로 몽골족은 통치를 위한 행정 제도를 창안했고 종종 토착 종교와 예술, 공예를 육성했다.

제국의 몰락은 부분적으로 그들 스스로 벌인 내부 분열의 결과였다. 중앙집권화된 행정은 불가능한 것으로 드러났는데, 무엇보다 제국의 규모와 그에 수반되는 운송 및 통신 상의 어려움 때문이었다. 그러나 더 중요한 이유는 중국, 러시아, 중앙아시아, 서아시아에 있던 4개 주요 칸국들 사이의 갈등에 있었다. 대칸국에는 계승을 위한 정연한 체계가 없었고, 이는 권력을 향한 처참한 분쟁을 초래하면서 종종 승자들까지 약화시켰다. 몽골족은 상대적으로 소규모의 집단을 거느리고 한 목초지에서 다른 곳으로 이동하는 데에도 익숙했다. 더 많은 인구를 얻게 된 효과적인 동맹의 발전도 그들 사이에 예로 부터 빚어진 분열을 극복하지 못했다. 전통적인 초원 생활 방식의 가치를 신봉했던 사람들과 정주 문명을 흡수했던 사람들 사이의 분쟁은 이러한 분열을 더욱 심화시켰다.

몽골족의 정책들은 피통치자들을 분노하게 만들기도 했다. 문관이 통치를 했던 중국과 같은 사회에서는 군대의 영향력이 반감을 불러왔던 것이다. 특히 이란과 중국에서 몽골족의 군사 원정과 공공 토목 사업들은 점점 더 저항해오는 복속민들에게 반복적으로 세금을 부과하는 결과를 수반했다. 토착 거주민들이 납세를 회피하거나 추가적인 부과를 감당할 수 없게 되면 재정 적자가 발생했다. 게다가 일본, 자바, 맘루크 이집트를 향한 일부 확장 지향의 원정들은 무모한 시도였고 비용도 많이 들었으며, 이로써 재정 악화는 더욱 심각해졌다. 틀림없는 영토 확장주의자였던 몽골족은 상당한 증오심을 불러일으켰고, 그들의 종교적 정책도 적대감을 불러일으켰다. 비록 그들은 종교적 관용 정책을 공언했고 이를 자주 채택했지만, 때때로 특정한 종교에 등을 돌리기도 했다. 일 칸 가잔은 불교와 네스토리우스 기독교에 대한 공격에 나섰고, 쿠빌라이 칸은 도교에 엄격한 제한을 가했다.

몽골의 침략으로 인한 섬뜩할 정도의 인명 손실과 마을 및 도시들의 파괴를 부정하는 것은 잘못된 처사이다. 그들은 전 례 없는 수준의 폭력을 자행했다. 당시의 자료들이 파괴와 살 육에 대한 일부 소문들을 과장했지만, 무척 잔인한 폭거였음 을 보여주는 증거는 많이 남아 있다.

파괴와 폭력 이외에 몽골의 지배가 남긴 것들은 무엇일까? 당연히 제국 영역의 모든 곳에서 몽골족은 무기, 전략, 전술, 군사 조직에 영향을 끼쳤다. 또한 이른바 팍스 몽골리카는 유 럽과 동아시아 사이의 직접적인 관계를 처음으로 형성했고, 유라시아에서 여행이나 기술적·예술적·종교적 확산의 속도 가 빨라지는 데에도 기여했다. 이란의 천문학과 의학은 중국 에 어느 정도 영향을 끼쳤고, 동시에 중국의 예술과 농업 지식 은 이란에 영향을 끼쳤다. 중국의 비단과 도자기는 유럽인들 의 마음을 사로잡았고, 또 러시아와 이란은 중국의 다양한 생 산품을 위한 주요 시장이 되었다. 물론 다마스쿠스에 근거지 를 두고 있던 우마이야 칼리프조(661~750)와 바그다드에 근 거지를 두고 있던 압바스 칼리프조는 육로를 통해 중국의 당 제국(618~907)과 교역하고 해로를 통해서는 중국의 송 제국 (960~1279)과 교역했지만, 여행 기록을 통해 판단해보면 여 행자의 숫자는 몽골 시대보다 훨씬 적었다. 게다가 중국은 기 독교를 접하게 되었다. 마르코 폴로의 저작을 통해 유럽인들은 불교와 유교 그리고 이란에 대해 알게 되었다. 그러나 각각의 문명은 자기네 마음에 드는 외국의 가공품, 사상 혹은 기술만 채택했고, 여러모로 차용한 것들을 자신들의 필요와 고유한 사회에 맞추려고 개조하거나 변형했다.

몽골족이 정복하고 통치했던 주요 문명들은 침입자들이 떠나간 뒤에 일부나마 변형과 추가 작업을 거치긴 했지만 대개는 몽골족의 본질을 그대로 유지했다. 몽골족을 대체했던 중국의 명 제국(1368~1644)은 유교와 과거시험을 되살렸지만, 보안과 감찰의 측면에서는 몽골족의 정책을 채택하여 관료들을 감시하며 더욱 심하게 통제했다. 그리고 명 제국이 회회사천감(回回司天監, 명 태조 주원장은 원의 제도를 계승하여 1368년에 회회사천감을 설치했는데, 1370년에는 회회흠천감回回欽天監으로 명칭을 바꾸었다. 이는 1398년에 폐지되었고 관련 사안은 흠천감欽天監에서 관장하게 되었다―옮긴이)을 설치하고 티베트 불교에 대해 관심을 보이는 한편 더욱 정확한 지도들과 지리 저작들을 편찬한 것은 모두 몽골의 영향력을 반영한 일이었다. 이란과 서아시아는 이슬람교(특히 수피즘과 시아파)의 신봉자로 남았지만, 네스토리우스 기독교와 여타 기독교 종파들은 소수 집단으로서 명맥을 이어갔다. 몽골의 지배가 끝난 이후에 출현한 모스크바 국가는 몽골의 문화적 영향을 그리 받지 않았음이 드러났다. 비록 몽골의 침입 때 동반하여 남쪽에 정착했던 투르크족은 주로 무슬림들이었지만, 러시아에서는 동방 정교가 지배적인 종교였다. 불교도를 위한 본거지 역할을 했던 중앙아시아는 점점 이슬람교 지역이 되어갔다.

몽골 지배의 정치적 영향은 각 지역에서 다양하게 나타났다. 몽골의 또다른 침입을 막기 위해 명 제국은 중국의 황제와 국가에 더 큰 권위와 힘을 부여했다. 몽골족이 다양한 집단들로 분열된 탓에 단지 습격만 할 수 있을 뿐 중국을 대대적으로 침공할 수는 없다는 점을 알아차리지 못한 명 조정은 점차 전제적으로 변해갔다. 이 경우 몽골족은 중국에 의도치 않은 영향을 끼친 셈이었고, 중국의 경계를 따라 그들이 존속했던 것은 명 조정의 현실 인식을 만들어냈다.

몽골족이 러시아에 끼친 정치적 영향을 가늠하기란 쉽지 않다. 몽골족은 차르 전제주의의 모델 역할을 했다고 비난받아왔다. 그러나 몽골족은 차르의 지배가 확립되기 전에 극도로 쇠락했고, 이는 새로운 정치 제도에 몽골이 특정한 영향을 끼쳤다는 관점과는 어긋난다. 이란에 끼친 몽골의 정치적 영향은 규명하기가 복잡한데, 무엇보다 몽골족의 투르크 계열 후손인 티무르와 그의 가문이 이란을 한 세기 넘게 지배했기 때문이다. 이후에 등장한 사파비 왕조(1501~1736)는 이슬람교의 시아파를 옹호했던 토착 왕조로서 여전히 많은 수의 유목민을 보유했는데, 여기에는 아마도 몽골과 티무르 제국 모두의 영향이 반영된 것으로 보인다. 그러나 사파비 왕조의 정치 제도들은 몽골제국의 그것과는 차이를 보였다.

아마 몽골족의 유산 중 가장 오래 지속된 것은 일련의 동서 교류일 것이다. 몽골 시대부터 유럽에서 일어난 사건들이 중동과 동아시아에 영향을 끼쳤고, 아시아의 예술과 의복 및 종교 형태가 서방에 영향을 주었다. 몽골의 침입이 세계적인 관계나 세계사를 선도했던 것이다. 중국어, 일본어, 위구르어, 티베트어, 고(古)러시아어, 조지아어, 아르메니아어, 페르시아어, 아랍어, 시리아어, 라틴어로 된 당시의 자료들에 몽골족이 언급되어 있다는 사실은 그들이 유라시아 세계 대부분에 끼친 영향을 입증하고 있다.

감사의 말

젊은 연구자 시절, 나는 중국과 몽골 연구에 종사하는 학자들로 이루어진 훌륭한 그룹과 만나면서 이야기를 나누는 행운을 누렸다. 이제껏 40년에 걸쳐 연구를 해왔는데, 이 책은 몽골제국에 대한 나의 이해를 종합한 것이다. 나의 견해에 영향을 끼친 일부 학자들에게 감사를 표하고 싶다. 이 책에 담겨 있을지도 모르는 모종의 잘못된 해석을 그들 탓으로 돌려서는 안 되며, 아마도 실제로 누군가는 나의 관점에 반드시 동의하지는 않을 것이다. 내가 거명할 분들 중 다수가 이미 세상을 떠났지만, 그들은 내게 영원히 지속될 영향을 남겼다.

하버드대학의 조지프 플레처 주니어(Joseph Fletcher Jr.) 교수는 이 연구 분야에서 나의 가장 가까운 친구이자 동료였다.

비록 학문적 관심이 꼭 일치한 것은 아니었지만, 우리는 연구 주제에 대해 자주 논의했고 그 덕분에 내륙아시아 역사에 대한 이해를 심화시킬 수 있었다. 그는 많은 외국어를 숙달하는 데에 상당한 노력과 시간을 들였는데, 그중에는 러시아어, 중국어, 일본어, 만주어, 몽골어, 아랍어, 프랑스어, 독일어, 스페인어, 페르시아어가 포함되어 있었다. 1984년에 암이라는 악성 질환으로 쓰러진 그는 그렇듯 부지런히 준비했던 중요한 연구들을 저서로 매듭짓지 못했다. 그러나 젊은 학자들에 대한 그의 가르침과 격려는 몽골 연구 분야에 귀중한 영향을 끼쳤다.

오언 래티모어(Owen Lattimore)와 인디애나대학의 데니스 사이노어(Denis Sinor) 교수는 이 분야의 선구자들이었고, 교양 있는 독자들이 몽골리아에 주목하게 하는 데에 큰 공적이 있다고 할 만하다. 비록 나는 래티모어를 잘 몰랐지만, 1969년부터 이따금 만나면서 그가 몽골제국 연구에 대한 아이디어의 샘을 가지고 있음을 알게 되었다. 나는 데니스 사이노어를 꽤 잘 알고 있었는데, 몽골 연구를 향한 그의 열정은 전염성이 강했다. 그는 내가 연구 경력을 처음 시작할 때 논문 몇 편들을 쓰라고 주문했고, 관대하게 이 논문들에 대해 신중한 평가를 해주었다.

수많은 사람들이 중국사 연구와 집필 면에서 나를 훈련시켰다. 컬럼비아대학의 캐링턴 굿리치(L. Carrington Goodrich) 교수는 명대의 전기(傳記) 역사 프로젝트에 나를 채용하여 명대의 저명한 중앙아시아인과 몽골족에 대한 글을 쓰게 했다. 굉장한 신사였던 그는 나의 글과 생각에 대해 더욱 꼼꼼하고 정확한 가르침을 주었다. 역시 컬럼비아대학의 한스 빌렌스타인(Hans Bielenstein) 교수는 중국의 고전 문헌들에 대한 정확한 번역을 강조했는데(그리고 여전히 강조하고 있다), 그 강조는 나의 경력 전반에서 도움이 되었다. 캘리포니아대학 출판부의 셰일라 레빈(Sheila Levine)은 일반적인 지식인 독자들을 위한 집필에 대해 나에게 많은 것을 가르쳐주었다.

내가 큰 신세를 진 분들 중에는 전(前) 보든 칼리지 교수였던 고(故) 존 랑글루아(John Langlois), 전 클리블랜드 미술 박물관 관장이었던 고 셔만 리(Sherman Lee), 전 프리어 미술관 관장이었던 고 존 포프(John Pope)가 포함되어 있다. 나는 또 레이덴대학 교수 레오나르드 블루세(Leonard Blusse), 클리블랜드 미술 박물관에서 남아시아 미술을 담당하다 은퇴한 큐레이터 스탄 추마(Stan Czuma) 박사, 주(駐)오스트리아 몽골 대사 자르갈사이한 엔크사이한(Jargalsaikhan Enkhsaikhan), 뮌헨대학 교수였던 고 허버트 프랑케(Herbert Franke), 럿거스대학 교수 마이클 가스터(Michael Gasster), 본대학 교수 랄프 카우즈(Ralph Kauz), 오사카 국립민족학박물관의 고나가야 유키

(小長谷有紀) 박사, 위스콘신대학 교수 데이비드 모건(David Morgan), 뮌헨대학 교수 로데리히 프탁(Roderich Ptak), 퀸스 칼리지 및 컬럼비아대학 교수 카를 리스킨(Carl Riskin), 예일대학의 조너선 스펜스(Jonathan Spence), 남캘리포니아대학 교수 존 윌스(John Wills)와의 교제로부터 은혜를 입었다.

이 책은 낸시 토프(Nancy Toff)의 꼼꼼한 편집, 지도와 삽화들을 다루는 소니아 티치코(Sonia Tycko)의 솜씨를 통해 향상되었다. 원고에 나타는 불명확한 구절과 우둔한 어법에 대한 토프 여사의 질문은 내가 수정을 할 수밖에 없게 만들었고, 이로 인해 더욱 분명해진 표현이 나왔기를 바란다. 그녀의 도움에 진심으로 감사한다.

개인적인 차원에서, 나는 퀸스 칼리지 및 컬럼비아대학의 몽골 역사 관련 수업에서 예리한 질문을 던지고 명확한 답변을 바랐던 학부생과 대학원생들에게 감사를 표하고 싶다. 가장 중요한 것으로, 나는 아내 메리와 세 권의 책을 쓰는 작업을 함께하면서 그녀에게 상당히 많은 것을 배웠다. 이 점, 그리고 그 밖의 다른 많은 것들에 대해 그녀에게 감사한다. 내 연구 작업을 도와준 분들 중에는 에이미 로사비(Amy Rossabi), 토니 로사비(Tony Rossabi), 하워드 스테린바흐(Howard Sterinbach), 새러 스테린바흐(Sarah Sterinbach)와 네이선 스테린바흐(Nathan Sterinbach), 안나 지보토프스키(Anna

Zhivotovsky), 줄리아 로사비(Julia Rossabi)가 포함되어 있다. 그들 모두에게 감사 인사를 드린다.

독서안내

Allsen, Thomas. *Culture and Conquest in Mongol Eurasia*. Cambridge: Cambridge University Press, 2001.

Amitai, Reuven. *The Mongols in the Islamic Lands*. Burlington: Ashgate, 2007.

Atwood, Christopher. *Encyclopedia of Mongolia and the Mongol Empire*. New York: Facts on File, 2004.

Boyle, John, ed. *The Cambridge History of Iran*. Vol. 5, *The Saljuq and Mongol Periods*. Cambridge: Cambridge University Press, 1968.

Brook, Timothy. *The Troubled Empire: China in the Yuan and Ming Dynasties*. Cambridge, MA: Harvard University Press, 2010. 〔조영헌 옮김, 『하버드 중국사 원·명: 곤경에 빠진 제국』, 너머북스, 2014〕

Colvino, Italo. *Invisible Cities*. Translated by Wiliiam Weaver. New York: Harcourt Brace Jovanovich, 1974.

DeBary, William Theodore, and Hok-lam Chan, eds. *Yuan Thought: Chinese Thought and Religion under the Mongols*. New York: Columbia University Press, 1982.

de Rachewiltz, Igor. *Papal Envoys to the Great Khans*. London: Faber & Faber, 1971.

de Rachewiltz, Igor, Hok-lam Chan, and Hsiao Ch'i-ch'ing, eds. *In the Service of the Khans: Eminent Personalities of the Early Mongol-Yüan Period(1200-1300)*. Wiesbaden: Harrassowitz Verlag, 1993.

Di Cosmo, Nicola, Allen Frank, and Peter Golden, eds. *The Cambridge History of Inner Asia: The Chinggisid Age*. Cambridge: Cambridge University Press, 2009.

Dunn, Ross. *The Adventures of Ibn Battuta*. Berkeley: University of

California Press, 1986. 〔이븐 바투타 여행기의 한국어 번역본은 정수일 옮김, 『이븐 바투타 여행기』 1 · 2, 창작과비평사, 2001〕

Fitzhugh, William, Morris Rossabi, and William Honeychurch, eds. *Genghis Khan and the Mongol Empire*. Seattle: University of Washington Press, 2009.

Franke, Herbert, and Denis Twitchett, eds. *The Cambridge History of China. Vol. 6, Alien Regimes and Border States, 907-1368*. Cambridge: Cambridge University Press, 1994.

Gernet, Jacques. *Daily Life in China on the Eve of the Mongol Invasion, 1250-1276*. Translated by H. M. Wright. New York: Macmillan, 1962. 〔김영제 옮김, 『전통중국인의 일상생활』, 신서원, 1995〕

Halperin, Charles. *Russia and the Golden Horde: Mongol Impact on Medieval Russian History*. Bloomington: Indiana University Press, 1985. 〔권용철 옮김, 『킵차크 칸국: 중세 러시아를 강타한 몽골의 충격』, 글항아리, 2020〕

Inoue, Yasushi. *Blue Wolf: A Novel on the Life of Chinggis Khan*. Translated by Joshua Fogel. New York: Columbia University Press, 2008. 〔구혜영 옮김, 『칭기즈 칸: 몽골의 푸른 늑대』, 노블마인, 2005〕

Jackson, Peter. *Mission of Friar William of Rubruck*. London: Hakluyt, 1990. 〔기욤 드 뤼브룩 여행기의 한국어 번역은 김호동 옮김, 『몽골 제국 기행: 마르코 폴로의 선구자들』, 까치, 2015, 165~401쪽〕

Jackson, Peter. *Mongols and the West, 1221-1410*. Harlow: Pearson Longman, 2005.

Jagchid, Sechin, and Paul Hyer. *Mongolia's Culture and Society*. Boulder, CO: Westview Press, 1979.

Juvaini. *The History of the World Conqueror*. Translated by John Boyle. 2 vols. Manchester: Manchester University Press, 1958.

Komaroff, Linda, and Stefano Carboni, eds. *The Legacy of Genghis*

Khan: Courtly Art and Culture in Western Asia, 1256-1353. New York: Metropolitan Museum of Art, 2002.

Lane, George. *Early Mongol Rule in Thirteenth-Century Iran: A Persian Renaissance*. New York: Routledge, 2003.

Langlois, John. ed. *China under Mongol Rule*. Princeton, NJ: Princeton University Press, 1981.

Lattimore, Owen. *Inner Asian Frontiers of China*. New York: American Geographical Society, 1940.

Lee, Sherman, and Wai-kam Ho. *Chinese Art under the Mongols: The Yuan Dynasty(1279-1368)*. Cleveland: Cleveland Museum of Art, 1968.

McCausland, Shane. *Zhao Mengfu: Calligraphy and Painting in Khubilai's China*. Hong Kong: Hong Kong University Press, 2011.

Morgan, David. *The Mongols*. 2nd ed. Oxford: Blackwell, 2007. 〔권용철 옮김, 『몽골족의 역사』, 모노그래프, 2012〕

Moule, A. C., and Paul Pelliot, *Macro Polo: The Description of the World*. 2 vols. London: George Routledge & Sons, 1938. 〔마르코 폴로 기록의 한국어 번역은 김호동 역주, 『마르코 폴로의 동방견문록』, 사계절, 2000〕

Olschki, Leonardo. *Marco Polo's Asia*. Berkeley: University of California Press, 1960.

Ostrowski, Donald. *Muscovy and the Mongols*. Cambridge: Cambridge University Press, 1998.

Rashid al-Din. *The Successors of Genghis Khan*. Translated by John Boyle. New York: Columbia University Press, 1971. 〔라시드 앗 딘의 『집사』 중 칸의 후계자들 부분의 한국어 번역은 김호동 역주, 『칸의 후예들』, 사계절, 2005〕

Ratchnevsky, Paul. *Genghis Khan: His Life and Legacy*. Translated by Thomas Nivison Haining. 2nd ed. Oxford: Blackwell, 2006. 〔김호동 옮김, 『칭기스칸: 그 생애와 업적』, 지식산업사, 1992〕

Rossabi, Morris, ed. *Eurasian Influences on Yuan China*. Singapore: National University of Singapore Press, 2012.

Rossabi, Morris. *Khubilai Khan: His Life and Times*. Berkeley: University of California Press, 1988. 〔강창훈 옮김, 『수성의 전략가 쿠빌라이 칸』, 사회 평론, 2015〕

Rossabi, Morris. *Voyager from Xanadu*. 2nd ed. Berkeley: University of California Press, 2010.

Secret History of the Mongols. Translated by Paul Kahn. San Francisco: North Point Press, 1984. 〔몽골비사의 한국어 번역본은 유원수 역주, 『몽골 비사』, 사계절, 2004〕

Smith, Paul, and Richard von Glahn, eds. *The Song-Yuan-Ming Transition in Chinese History*. Cambridge, MA: Harvard University Press, 2003.

Vernadsky, George. *The Mongols and Russia*. New Haven, CT: Yale University Press, 1953. 〔김세웅 옮김, 『몽골제국과 러시아』, 선인, 2016〕

Watt, James, ed. *The World of Khubilai Khan: Chinese Art in the Yuan Dynasty*. New York: Metropolitan Museum of Art, 2010.

웹사이트

Asia for Educators, Columbia University. "The Mongols in World History." http://afe.easia.columbia.edu/mongols/. Faculty consultant: Morris Rossabi.

Asia Society. "Homeland Afghanistan," http://afghanistan.asiasociety.org/.

China Institute in America. "From Silk to Oil: Cross-cultural Connections along the Silk Road." http://www.chinainstitute.org/education/for-educators/curriculum-resources/curriculum-guides-units/.

역자 후기

　역자가 몽골제국에 관심을 가지고 관련 연구들을 들여다보기 시작한 지는 10년이 조금 넘었다. 그동안 세계 학계에서 몽골제국을 다룬 연구서들과 논문들이 상당수 쏟아져 나왔다. 그에 따라 몽골제국이 세계사에서 중요한 역할을 했다는 점이 밝혀졌다. 하지만 이러한 성과들은 주로 학계에서 전문 연구자들이 활용하는 것일 뿐, 그 범주를 '대중이 더 쉽고 보편적으로 접할 수 있는 한국어로 된 책'으로 좁히면 그 숫자는 대폭 줄어들게 된다.

　최근 국내에서도 몽골제국과 관련한 해외의 연구 성과를 번역한 책들이 속속 출판되고 있기는 하지만, 몽골제국의 범위 자체가 워낙 넓어서 관련 서술을 온전히 담아내자면 책이 매우 두꺼워지고 또 인내하면서 읽어나가더라도 생소한 지명과 인명에 기가 질리기 십상이다. 역자는 대학 학부생들로부터 몽골제국을 이해하는 데에 적절한 책이 있느냐는 질문을 종종 받고 몽골제국에 대해 더 쉽고 간명하게 서술한 책이 있으면 좋겠다는 생각을 늘 해오던 터에 마침 눈에 들어온 것이 모리스 로사비의 이 책이었다. 로사비는 국내에 번역, 소개된 『쿠빌라이 칸』을 통해서 이미 알려진 저자인데, 1941년생으로 현재까지 40년 넘게 몽골 및 중앙유라시아의 역사와 관련한 연구 성과들을 왕성하게 출판하며 몽골제국사 연구를 이끌고 있다. 그러한 저자가 자신의 방대한 지식을 압축적으로 담은 이 책은 몽골제국사 이해를 위한 출발점으로 적격이라 할 수 있다.

이 책은 몽골제국사의 이해를 위한 개념들과 사건들을 최대한 간략하게 다루는 만큼 몽골제국과 관련한 전반적인 서술로는 분량상 아쉬운 점이 없지 않다. 하지만 유목민의 삶, 칭기스 칸과 제국의 등장, 제국의 팽창과 세계 지배, 동서 교류의 확장, 제국의 쇠퇴 등 중요하고 굵직한 테마를 통해 몽골제국사 이해를 위한 큰 틀을 제공하고 있는 점에서 그 가치를 찾을 수 있다. 이 책을 통해 얻은 기초적인 인식을 바탕으로 관련 서적들을 더 읽어나가면, 몽골제국이 세계사에 끼친 영향을 하나씩 파악할 수 있으리라 생각한다.

이 책이 나오기까지 여러모로 애써주신 분들에게 감사의 말씀을 드리지 않을 수 없다. 먼저 역자의 번역서 출간 제의를 흔쾌히 받아주신 교유서가 신정민 대표, 그리고 편집자께 감사한다. 또한 강의중에 이 책의 번역 필요성을 상기시켜준 고려대 학부생 여러분들에게도 감사한다. 끝으로 역자의 공부를 누구보다도 열렬하게 응원해주고 계시는 부모님께도 감사의 말씀을 올린다.

독서안내

아래의 책들은 몽골-원 제국의 역사를 중점적으로 다룬 것이다. 몽골-원 제국과 고려의 관계를 다루면서 몽골이 한국사의 전개에 끼친 영향을 설명하는 책들도 있다. 유목민이나 유목제국의 전체 역사를 서술하면서 몽골제국에 관해 이야기하는 책들도 많지만 여기서는 제외했다.

1. 사료

김장구 역주, 『역주 몽골 황금사』, 동북아역사재단, 2014.

김호동 역주, 『마르코 폴로의 동방견문록』, 사계절, 2000.

라시드 앗 딘 지음, 김호동 역주, 『부족지』, 사계절, 2002.

라시드 앗 딘 지음, 김호동 역주, 『칭기스 칸 기』, 사계절, 2003.

라시드 앗 딘 지음, 김호동 역주, 『칸의 후예들』, 사계절, 2005.

라시드 앗 딘 지음, 김호동 역주, 『일 칸들의 역사』, 사계절, 2018.

유원수 역주, 『몽골비사』, 사계절, 2004.

플라노 드 카르피니·윌리엄 루브룩 지음, 김호동 역주, 『몽골 제국 기행』, 까치, 2015.

2. 저·역서

강톨가 외 지음, 김장구·이평래 옮김, 『몽골의 역사』, 동북아역사재단, 2009.

게오르기 베르낫스키 지음, 김세웅 옮김, 『몽골제국과 러시아』, 선인, 2016.

고명수 지음, 『몽골-고려 관계 연구』, 혜안, 2019.

권용철 지음, 『원대 중후기 정치사 연구』, 온샘, 2019.

김호동 지음, 『몽골제국과 고려』, 서울대학교출판부, 2007.

김호동 지음, 『몽골제국과 세계사의 탄생』, 돌베개, 2010.

데이비드 모건 지음, 권용철 옮김, 『몽골족의 역사』, 모노그래프, 2012.

모리스 로사비 지음, 강창훈 옮김, 『수성의 전략가 쿠빌라이 칸』, 사회평론, 2015.

미야 노리코 지음, 김유영 옮김, 『조선이 그린 세계지도: 몽골 제국의 유산과 동아시아』, 소와당, 2010.

박원길 지음, 『유라시아 대륙에 피어났던 야망의 바람: 칭기스칸의 꿈과 길』, 민속원, 2003.

박원길 지음,『조선과 몽골』, 소나무, 2010.

보르지기다이 에르데니 바타르 지음,『팍스 몽골리카와 고려』, 혜안, 2009.

스기야마 마사아키 지음, 임대희·김장구·양영우 옮김,『몽골 세계제국』, 신서원, 1999.

야오따리 지음, 이지은 옮김,『천추흥망: 원나라』, 따뜻한손, 2010.

오타기 마쓰오 지음, 윤은숙·임대희 옮김,『대원제국』, 혜안, 2013.

윤은숙 지음,『몽골제국의 만주 지배사』, 소나무, 2010.

이강한 지음,『고려와 원제국의 교역의 역사』, 창비, 2013.

이개석 지음,『고려-대원 관계 연구』, 지식산업사, 2013.

이명미 지음,『13~14세기 고려·몽골 관계 연구』, 혜안, 2016.

이주엽 지음,『몽골제국의 후예들』, 책과함께, 2020.

장폴 루 지음, 김소라 옮김,『칭기즈 칸과 몽골제국: 정복과 관용의 두 얼굴』, 시공사, 2008.

잭 웨더포드 지음, 정영목 옮김,『칭기스 칸, 잠든 유럽을 깨우다』, 사계절, 2005.

잭 웨더포드 지음, 이종인 옮김,『칭기스 칸의 딸들, 제국을 경영하다』, 책과함께, 2012.

잭 웨더포드 지음, 이종인 옮김,『칭기스 칸, 신 앞에 평등한 제국을 꿈꾸다』, 책과함께, 2017.

찰스 핼퍼린 지음, 권용철 옮김,『킵차크 칸국: 중세 러시아를 강타한 몽골의 충격』, 글항아리, 2020

티모시 메이 지음, 권용철 옮김,『칭기스의 교환: 몽골제국과 세계화의 시작』, 사계절, 2020.

몽골제국

THE MONGOLS

초판 1쇄 인쇄 2020년 10월 20일
초판 1쇄 발행 2020년 10월 30일

지은이 모리스 로사비
옮긴이 권용철
펴낸이 신정민

편집 최연희
디자인 강혜림
저작권 한문숙 김지영 이영은
마케팅 정민호 김경환
홍보 김희숙 김상만 지문희 김현지
제작 강신은 김동욱 임현식

제작처 한영문화사(인쇄) 한영제책사(제본)
펴낸곳 (주)교유당
출판등록 2019년 5월 24일
　　　　　제406-2019-000052호
주소 10881 경기도 파주시 회동길 210
문의전화 031)955-8891(마케팅)
　　　　　031)955-2680(편집)
팩스 031)955-8855
전자우편 gyoyudang@munhak.com
ISBN 979-11-90277-85-3 03900

- 이 도서의 국립중앙도서관 출판예정도서목록(CIP)은
  서지정보유통지원시스템 홈페이지(http://seoji.nl.go.kr)와
  국가자료종합목록 구축시스템(http://kolis-net.nl.go.kr)에서 이용하실 수 있습니다.
  (CIP제어번호: CIP2020043429)